JN087998

会話で学ぶ!

プロフェッショナルを
目指す人の

「投信営業」の教科書

東海東京調査センター　シニアストラテジスト
中村貴司
Takashi Nakamura

近代セールス社

はじめに

コロナショックとコロナバブルによる市場の急落・急騰に、振り回されてしまったあなたに

2020年の日本株式市場は、世界的に広がった新型コロナウイルスに振り回され、目まぐるしい値動きとなりました。

日本株の代表的な指数の一つである日経平均株価は、2020年1月に2万4,000円台の年初来高値をつけた後、3月には1万6,000円台まで急落（高値からほぼ2ヵ月で30%を超える下げ）。その後はV字回復の動きとなり、12月には2万7,000円台に乗せるなど約30年ぶりの高値をつけました。

3月までの急落の動きである「コロナショック」と、その後、株価と実態経済が大きく乖離（かいり）していると言われた中で急騰した「コロナバブル」に一喜一憂、右往左往した投資家の方も多かったのではないでしょうか？

投資家であるお客さまにアドバイスを行う投信営業担当者自身（FPを含む）も、マーケットの動きのあまりの速さについていけず、例えば3月の急落時には、お客さまが相場の大幅な下落に慌てて投げ売りしてしまうことを止められなかったと聞きます。

逆に、まだここから下がるという恐怖感に営業担当者自身がかられ、適切なリバランスの観点からリスク資産である株式へのシフトを行う顧客提案を躊躇してしまい、急反発の動きをとり逃してしまったとの声も多くありました。

月間でプラス15%の急騰を見せた11月も、マーケットの急スピードについていけず、また利益を早めに確保しすぎてしまったとの声も聞かれました。

営業担当者自身が、こうしたマーケットの動きに一喜一憂・右往左往せず、お客さまに合理的な投資行動を促し、投資信託での中長期的な資産形成につなげてもらうためにはどうしたらいいのでしょうか？

私自身、投信営業を手掛けていたときには、何度も失敗しながらこの問いに直面し、答えを追い求めました。「その答えをどうしても見つけたい。マーケットについて詳しく知りたい」との思いから、営業サイドから一転、運用サイドに移り、およそ10年間、年金や投資信託のファンドマネージャーとして、マーケットの動きについて深く分析する機会を得ました。

また「自分自身の心理、市場心理、お客さまの心理について、実践だけでなく、その理論的な背景も体系的に知りたい」との思いで、臨床心理学を中心に4年程度、心理大学院で学びました。

このような ①「投資の営業経験」、②「投資の運用経験」、③「心理学の理論的な背景」を融合させると、ある明確な答えが見えてきました。

その答えとは、**次世代の顧客本位の投信営業を推し進めるうえでカギとなる「投資メンタルマネジメント」と「行動コーチング」の考え方を取り入れること**でした。

「投資メンタルマネジメント」とか「行動コーチング」と言っても、読者の皆さんの多くは、あまりピンとこないかもしれません。それは一体、どういった考え方で、またどういったスキルなのでしょうか？

「投資メンタルマネジメント」とは、投資における心理面を重視し、マーケットの心理、営業担当者である自分自身の心理、お客さまの心理をしっかり管理・マネジメントしていこうというスキルです。

そして「行動コーチング」とは、投資におけるお客さまのニーズを把握し、リスクを低減させながら持続可能な投資リターンを上げるための合理的な方法を、営業担当者とお客さまが一緒になって実践していくためのスキルを指します。

この2つのスキルを統合し、それをわかりやすく説明するなら、投資の手法としては、景気や業績動向などから本質的価値をはかろうとする「ファンダメンタルズ分析」とともに、投資家心理、投資家行動などから市場の変動を掴んでいこうとする**「行動ファイナンス」や「テクニカル分析」などの理解を深め、多角的に市場を分析する**ことだと言えます。

そして**カウンセリングやコーチングのスキルなどを活用**し、「自分自身」「お客さま」「マーケット」の心理的な動きをより客観的に把握・管理したうえで、**お客さまの合理的な投資行動につなげていく提案を行っていく**ことだと言えるでしょう。

米国では、すでに投信営業担当者などが提供する付加価値あるサービスとして、アセット・アロケーションやリバランスなどとともに「投資メンタルマネジメント」や「行動コーチング」のようなスキルが挙げられるようになっています。

コーチングやメンタルマネジメント自体は、以前からビジネスの現場で使われていました。ただ、認知・社会心理学や臨床心理学などをベースに行動ファイナンス理論などを取り入れた投資分野でのコーチングやメンタルマネジメントといったものは、ここ数年の新しいトレンドと言えます。金融業界に顧客本位の姿勢が求められる中、それらは今後、日本でもより一般的になっていくと考えられます。

本書では、次世代の顧客本位の投信営業につながる**「投資メンタルマネジメント」**と**「行動コーチング」**について、地銀の支店で投信営業を担当する「加藤君」と、研修講師として若手育成に務める「中村先輩」との「笑いあり涙ありのユーモアあふれる実践的な会話」により、わかりやすく解説しています。

また、その会話の中で、「ファンダメンタルズ分析」「テクニカル分析」「行動ファイナンス」などの投資手法を用いて、実際の日本株の動きをどのように捉え、投資判断を下していけばいいのかもしっかりとカバーしています。

ぜひ本書から、「**次世代の顧客本位の投信営業スキル**」と「**市場の動きを多角的に捉える実践的な株式投資のノウハウ**」をつかんでください。

中村貴司

目次

登場人物の紹介

加藤君

地方銀行の支店に勤務する、入行5年目の自称「若手のホープ」。お調子者だが愛嬌があり、先輩やお客さまに好かれる幸せ者。支店では主に投信営業を担当し、「次世代のエース」を目指す。

中村先輩

支店での融資や投信営業などを経て、グループの投信会社に出向、株式のファンドマネージャーを長く経験する。その後、銀行本体に戻って、現在は人事部で主に研修講師を担当。後輩思いのよき先輩で、熱心に若手育成に励む。

第1章

次世代に通用する投信営業スキルを身につけよう

本章で取り上げるテーマは…

AIやフィンテックが普及し、またネット銀行・証券が若者やコスト・スピード重視の層に広がっていく中、銀行の「対面投信営業」は今後も生き残っていけるのだろうか。また、現在の投信販売は本当にお客さまのためになっているのか？

1　銀行の対面投信営業はこれからも生き残っていけるのか？

月曜日：勉強会第１日目

[お昼休み・本店の廊下で]

中村先輩、おひさしぶりです。西町支店の加藤です。１年前、本店での投信営業担当者向け研修で大変お世話になりました。

お～、加藤君。ひさしぶり。あの時はたしか、私が講師で、投信の仕組みや販売の仕方の研修を、９時～17時まで、１週間かけてみっちりやったんだよな。その後、支店での投信販売は順調かな？　今日も研修でここに来てるの？

ええ、今回は、「投信を購入いただいたお客さまからのクレーム対応研修」ということで、また月曜日から金曜日まで１週間、缶詰なんです。

おいおい、クレーム対応研修とは穏やかな内容ではないな（笑）。

そうなんですよ。マーケット環境が悪くて、値下がりした商品をお持ちのお客さまから、けっこうクレームが多いんです。

なるほどね。

ところで先輩、実は今の仕事のことで相談がありまして、

少しお時間をとっていただけませんか？

いいけど、具体的にはどういった相談かな？

ありがとうございます。実は、自分たちが行っている「対面での投信営業」が今後も生き残っていけるのか不安で…。それと、今の仕事が本当にお客さまのためになっているのか、最近自信がなくなっているんです。

おいおい、こちらも穏やかな内容ではないね。

そうなんです。なので、もしよろしければ少し長めに時間をとっていただけませんか？　月曜日から金曜日まで研修が9時～17時まであるので、そのあとにでも。

毎日ってこと？（笑）。

はい。できれば毎日です（笑）。

加藤君、営業担当者として押しが強くなったようだね（笑）。その強いハートがあれば、厳しい環境下でも生き残っていけると思うけど。まあ、しょうがないな。かわいい教え子の加藤君のためにひと肌脱ぐことにしよう。

要するに、**対面による投信営業が今後も生き残っていけるのか**という「銀行の投信販売担当者としてのキャリア相談」と、**今の投信販売がお客さまのためになっているのか**という「顧客本位の姿勢」についての不安の相談ということだね。

では、17時30分に本店7Fのカフェテリアに集合しよう。

ありがとうございます。よろしくお願いします。

［17時30分。本店カフェテリアで］

先輩、わざわざお時間をとっていただき、ありがとうございます。

こちらこそ。ではまず、投信営業担当者としてのキャリアということだが、具体的にどういったところに不安を感じているのかな？

はい。先輩もご存じのように、いま銀行は、当行に限らず、相次いで人員削減や店舗の統廃合の計画を発表しています。同期の仲間や支店の先輩とも話しているんですけど、本当にこれからの銀行や証券会社の経営は大丈夫なのかって噂になっています。

そうだね。当行もそうだが、どの銀行も貸し出しは伸びず、加えて、低金利が続いて利ザヤが稼げなくなっているからね。そのため、直接金融として手数料の上がる投信販売などを積極的に推し進めているわけだが、ノーロード（手数料なし）を武器にネット証券やネット銀行が攻勢をかけてきたり、また運用会社自体が直接販売に乗り出したりして、この分野も競争が激しいからね。

「あなたの銀行の経営は本当に大丈夫？」「投信はネット証券で買ったほうが手数料が安いから、あなたの銀行からは買わないよ」ってお客さまからも言われることが多いです。

なかなか厳しい指摘だね。

加藤君の心配も決して杞憂というわけではなく、実際、2019年発表の日銀のレポートを見ても、地方銀行の経営は今後、厳しくなると言われているね。

そうなんですか？　その話、少し詳しく教えてもらえませんか？

いいよ。2019年4月17日に日銀が発表した金融システムレポートによると、約6割の地方銀行が10年後の2028年度に最終赤字になるとの試算が示されており、赤字の割合は2023年度に21%、2028年度には58%に達するとされているんだ。

え〜。2028年には約6割の地銀が赤字に陥るんですか？うちの銀行、大丈夫かな…？

日銀は地銀の経営環境をシビアに見ている。人口減と低成長に伴う資金需要の先細りで貸し出しの伸びが鈍り、銀行間の競争が激しくなって、利ざやの縮小が続くとしているんだ。

でも、これから景気が良くなれば、地銀の経営も黒字化していきますよね？

いや、それがそうとも言えないんだ。日銀は足元の地銀の苦境について、マイナス金利政策の影響も認めつつ、**より大きいのは人口減や地方経済の停滞、過当競争などの「構造要因」**だとみている。そのためレポートでは、基礎的な収益力の向上に向けて「経営統合やアライアンス（提携）も有効な選択肢」と提示している。

経営危機を仮に回避できたとしても、うちの銀行が他の銀行に買収されたりしたら、リストラによる人員削減の可能性もあるし、もし規模の大きいところに買収されたら派閥争いに巻き込まれて出世しにくくなるかもしれない。そんな状況になったら、僕の未来は厳しいですよね。

低金利や地方経済の停滞といった構造要因の影響のほかに、**AIやフィンテックの普及により、大きな構造変化が起こる可能性も指摘されている。**これは特に「対面投信営業の存続」に深くかかわるところだろうね。

AIやフィンテックの普及の影響って、そんなに大きいんですか。

知ってのとおり、足元ではAIやフィンテックを活用し、さまざまな革新的サービスを提供する動きが広がってきている。身近な例でいうとスマホでカード決済するLINEペイ、楽天ペイ、PAYPAYや、家計簿アプリ・クラウドのFreee（フリー）、資産の助言・運用などを行うウェルスナビなどのロボ・アドバイザーに加え、ビットコインをはじめとする暗号資産（仮想通貨）などが挙げられるね。

そうですね。ただ、ロボ・アドバイザーなどは初心者向けのイメージがあり、そこまで対面営業の脅威になるとは考えられませんが。

そうかもしれないね。地方銀行の対面営業販売に大きく関係してくるのは、どちらかというとネット証券やネット銀行の動きだろうね。

ネットのビジネスは、お客さまの取引手数料などのコストが安い。また、ITシステムを使ったサービス提供によりスピードも速い。一方、人がかかわる対面営業はコストが高く、スピードも遅いと言われるよね……。

AIやフィンテックの進展で、ネット銀行やネット証券は、お客さまがネット環境を使うことさえできれば、ノーロードの商品や情報提供など、さまざまなサービス・商品を全国隅々までスピーディーに届けられる。

そう考えると、**今後の対面投信営業担当者は、お客さまから手数料をいただけるだけの相応なサービス・付加価値をしっかり提供していかなければいけない。**

なかなか厳しい時代になってきましたね。今後、対面投信営業担当者がお客さまに付加価値を提供し、生き残っていくためには、時代の変化を踏まえて対応を考えていかなければ

いけないということですね。

そうだね。常日頃から新聞や各種レポートなどをしっかり読み、また投信による資産形成が進んでいる米国のFP（ファイナンシャル・プランナー）や対面投信営業担当者がどのようにお客さまに付加価値を提供していっているのかなどを学び、時代の流れを踏まえた対応を実施していくことは金融マンの基本中の基本だよ。

人生100年時代、加藤君のキャリアはまだまだこれから長いから、しっかりと時代の変化・流れをつかんでいくようにね。

わかりました。新聞や各種レポートを熟読することに加え、米国を中心とした世界のFPや対面投信営業担当者が取り組む課題やその姿勢などにこれまで以上に関心を持ち、対面投信営業により付加価値を提供できるようしっかりとがんばります！

研修の時も意気込みだけは立派だったが、お得意の三日坊主にならないようにね（笑）。

えへへ、先輩には僕の性格がばれてますね。気をつけます（笑）。

2　「顧客本位の営業」と「収益」を両立させるスキルを身につける

ところで先輩、もう一つの悩みである、今の仕事がお客さまのためになっているのかっていう不安なんですが。

たしか、加藤君は、入社2年目から支店で投信営業担当を任されているんだよね。

はい、そうです。入社2年目から投資信託をお客さまに販売しています。

お客さまに対しては長期投資による資産運用・資産形成をうたって投信を買ってもらっています。ただ、**支店のノルマというか販売目標があり、投信を売ったり買ったりし、手数料をもらいながら、どちらかというと短期での投信販売が中心となっているのが現場の実情なんです。**

投信の回転売買ね。ありがちな話だね。

そうですね。日本株はアベノミクス相場である2012年後半から2018年の9月まで、2015年のチャイナショックなど調整場面はあったものの、概ね右肩上がりの相場でした。ですから銀行も、長期スタンスでの買いをご提案し、お客さまにたくさんの投信を買ってもらい、利益も上げることができたそうです。ここまでは支店長の受け売りです。

ただ、2018年10月以降の世界的な株安によって、特に日本株は27年ぶりの高値となった約2万4,500円から急落の動きとなり、僕のお客さまも含めて、大損を被ってしまいました。

その後、回復基調を強め、2020年のはじめには2万4,000円程度まで戻してきて、ホッとはしましたが、本当にその間は含み損が拡大して大変でした。

当時、お客さまの損失が膨らむ中、長期で持ちましょうと提案するたびに株価は下がり、さらにお客さまの資産は減少。一方、支店ではノルマもあるし、少しでも損を取り戻しましょうと他の投資信託への乗り換えも提案したのですが、買った投信もまた下がって…。

2018年の10月以降から同年末にかけての日本株安は本当に厳しかったね。この年の12月26日には1万9,000円を割り込むなど、相場は相当に冷え込んでしまったからね。

そうですね。お客さまからは、「銀行だけ手数料収入を上げて、本当に私たちのことを考えて投資信託の継続保有や乗り換えを提案したのか」って厳しい口調で言われてしまうこともありました。

実際、自分たちのやってきたことが本当にお客さまの側に立った営業だったのかなって、当時を思い出して何度も考えちゃいまして…。

なるほど。まさに加藤君の悩みは今、金融庁が本腰を入れて取り組んでいる**顧客本位の業務運営、いわゆる「フィデューシャリー・デューティー」**の問題だね。

顧客本位の業務運営ですか？　フィデューシャリー・デューティー？　なんだか難しそうですね。

顧客本位の業務運営、「フィデューシャリー・デューティー」というのは、わかりやすく言えば、お客さまの立場にたって、お客さまの最善の利益を追求する姿勢で営業を行っているかどうかということだ。

お客さまのためと言いながら、実情は短期の投資信託の回転売買で手数料を稼ぐ姿勢は、本当に「顧客本位」の姿勢なのか？「会社本位」の姿勢ではないのか？　ということで、金融庁は今、金融機関に対し、しっかりと「顧客本位の業務運営」ができているかを問うているんだ。

〈フィデューシャリー・デューティー（顧客本位の業務運営）に関する原則〉

【顧客本位の業務運営に関する方針の策定・公表等】
【顧客の最善の利益の追求】
【利益相反の適切な管理】
【手数料等の明確化】
【重要な情報の分かりやすい提供】
【顧客にふさわしいサービスの提供】
【従業員に対する適切な動機づけの枠組み等】

（出所：金融庁のHP）

実際、顧客本位の姿勢を打ち出すということで、銀行でも支店での投信販売のノルマをやめようという動きも出てきていますね。

そうだね。メガバンクの一角が、どちらかというと「会社

本位」だった今までの姿勢を、「顧客本位の姿勢」へしっかりとシフトさせようということで、ノルマ廃止を発表したというニュースがあったね。

ただ、ノルマを廃止して、本当に業務がまわるのかという問題も一方ではあるんだ。投信の回転売買を止めると、今までのように短期的な収益が稼げず、営業担当者や支店の成績不振に加え、銀行全体の業績悪化からリストラ、店舗の統廃合につながっていく可能性もあるかもしれない。

それは困ります。ただでさえ、銀行は低金利下で収益が上がりにくいわけですし、AIやフィンテックの進展でネット銀行・ネット証券の競争力が相対的に高まっているわけですからね。

顧客本位の姿勢を強化しすぎて、短期の回転売買をやめてしまったら、本当に銀行は生き残れるのか、心配です。

そうだね。そうした環境下では、**従来型の投信回転売買のセールス手法を超え、しっかりと時代の先を見据え、中長期の「顧客本位の営業」と「収益」を両立させる対面スキルを身につけることが営業担当者に強く求められてくる**だろうね。

そうしたスキルを身につければ、コスト・スピードに強いネット銀行・ネット証券との差別化をはかれ、また、お客さまの満足度につながり、自分自身も金融プロフェッショナルとしてより良いキャリアを築くことができる可能性が高まると思うよ。

なるほど。先輩、ぜひ「顧客本位の姿勢」と「収益」を両

立させるためのスキルについて教えてください。

高いよ（笑）。

先輩、そう言わずにお願いしますよ。

しょうがないな〜。じゃあ、加藤君の出世払いに期待しよう。実はそのスキルを身につけるには３つのことが重要になる。

３つですか？　話をまとめるのなら、３つに端的にまとめろと、１年前の研修でも先輩、熱く言ってましたもんね（笑）。

覚えてくれていたか。それは研修をやった甲斐があったというものだ（笑）。顧客本位の姿勢と収益を両立させるために押さえておくべき３つの重要なこととは次のとおりだ。

（1）多様な金融・投資商品、市場の知識と長期のファンダ

メンタルズ分析の理解

（2）お客さまのライフプラン、ライフスタイル、ライフステージ、家族構成など個々のニーズを踏まえたきめ細かい提案力

（3）持続可能な投資・資産運用を行うための多様な「投資分析手法」の理解とマーケットでの実践

明日から一つずつ説明していくから、しっかりと身につけ、加藤君にはぜひ次世代の投信販売を担ってもらいたいものだ。

ありがとうございます。ぜひぜひ僕を次世代にも通用する金融プロフェッショナルに育て上げてください。

先輩、週はじめの月曜日から相談にのってもらって、ありがとうございました。明日もよろしくお願いします。

第2章

多様な投資対象とファンダメンタルズ分析を学ぶ

本章で取り上げるテーマは…

顧客本位のプロフェッショナルな投信営業担当者になるために必要となる3つのポイント。その一つ目は、多様な金融・投資商品・市場の知識と、長期のファンダメンタルズ分析の理解だ。本章ではこれについて学ぶ。

1　オルタナティブ資産なども含む多様な投資対象への理解を深める

火曜日：勉強会第2日目

[17時30分・本店カフェテリアで]

先輩、昨日はありがとうございました。今日は次世代に通用するスキルを教えてもらえるんですよね。昼間の研修中もずっと楽しみにしてました！

おおそうか。では早速、今日のテーマに入ろう。

先輩、その前に昨日の復習をお願いします。前回の研修の時も、前日習った内容のポイントを最初にまとめてもらったことで、その日の話がす～っと頭に入ってきましたから。

では、いつものように3つのポイントを挙げて、昨日の話の内容を振り返ろう。

昨日の話のポイントは、次の3つだ。

①AIやフィンテックの進展や、超低金利の継続により、銀行や証券会社を取り巻く環境は厳しい
②フィデューシャリー・デューティーが求められ、投信の回転売買は抑制方向に向かう
③顧客本位と収益を両立させられるプロフェッショナル投信営業担当者になるには、3つの点を押さえた対面営業スキルを身につける必要がある

復習ありがとうございます。まずはその3点をしっかり頭に叩き込みたいと思います。

それで、やはり一番気になるのは、最後の**「顧客本位と収益を両立させられるプロフェッショナル投信営業担当者になるには、3つの点を押さえた対面営業スキルを身につけることが必要」**ということなんです。これについて今日から、一つずつ教えていただけるんでしたよね。

そうだったね。では今日は、押さえるべき一つ目の点から見ていくことにするか。

はい、お願いします。一つ目は、昨日のお話では、**「多様な金融・投資商品・市場の知識と長期のファンダメンタルズ分析の理解」**ということでした。

そうだね。ではそれを、「多様な金融・投資商品・市場の知識」と「長期のファンダメンタルズ分析の理解」の2つに分けて説明することにしよう。

まず、**「多様な金融・投資商品・市場の知識」**ということだが、日本市場、米国市場、中国市場、その他新興国市場といった投資対象国ごとの特徴や、株式型、債券型、為替型など伝統的資産型のファンド（投信）について理解するのは当然のことだ。

今後はこれらに加え、オルタナティブ（代替）資産としてのリート、コモディティ（金、原油）などの仕組みや、オルタナティブ（代替）戦略としてのAI運用やリスク適応的資産配分戦略のファンドなどの理解が必要になる。

ちょっとストップです（汗）。わからない言葉がいっぱい出てきて混乱気味です。一つずつ教えてください。

そうか、わかった。順序立てて説明していこう。

投資対象国についてはイメージしやすいと思うから、まず引っかかるのは、伝統的資産とオルタナティブ資産のところじゃないかな。

そうですね。オルタナティブ資産と言われても、いまいちピンとこなくて…。

そうか。じゃあ、一から説明するね。

まず、株式型のファンドはわかるよね。ファンドの種類によって、日本株、米国株、インドやブラジルなどの新興国株など、いろいろな国の株式市場に投資できるのが魅力だ。

債券型のファンドは、こちらも国ごとに分かれるけど、日本の国債、米国債、エマージング（新興国）債などに投資する投資信託だ。

為替型は、米ドルや豪ドル、トルコリラ、ブラジルレアルなど多様な国の通貨に投資できるものだ。

こうした、株式、債券、為替など一般になじみのある投資対象を「**伝統的資産**」と言うのに対し、それ以外の資産を「**オルタナティブ資産**」、つまり「**代替資産**」と言うんだ。

なんとなくわかりました。それで、そうした「オルタナティブ資産」への投資をオルタナティブ投資というんですね。

それが、正確にいうと少し違うんだ。**オルタナティブ投資**とは、**①株式や債券といった伝統的な投資資産とは異なる「オ**

ルタナティブ資産（代替資産）」への投資と、②従来と異なる手法である「オルタナティブ戦略（代替戦略）」による投資の二つに分けられる。

オルタナティブ資産には、不動産投資信託であるリートや、金、原油などの商品（コモディティ）に加えて、銀行等の金融機関が企業向けに行う融資であるバンクローンや、太陽光発電や道路・空港といった資産へ投資するインフラファンドなどがある。

一方、**オルタナティブ戦略**には、ヘッジファンドなどに代表されるように下落局面でも儲かるようなショート（売り）などを組み込んだ運用や、AIを取り入れた運用、また先物などを使って市場のトレンドに追随する「**トレンドフォロー戦略**」などがある。市場の変動にあわせてリスク量を均等に調整しながら運用を行う「**リスクパリティ戦略**」などに基づく運用などもある。これなどは、リスク適応的資産配分の代表的な戦略だろう。

この両方を含めて、「オルタナティブ投資」というんだ。

「トレンドフォロー」とか「リスクパリティ」とか横文字が次々に出てきて混乱していますが、オルタナティブ投資は「オルタナティブ資産」への投資と「オルタナティブ戦略」による投資に分けられるんだということは理解できました。

なんか賢くなったような気がしてきました（笑）。

公的年金の運用を行うGPIF（年金積立金管理運用独立行政法人）によれば、オルタナティブ投資は、伝統的な投資対

象である上場株式、債券等とは異なるリスク・リターン特性を持った投資手法の総称とされ、これをポートフォリオに組み入れることにより、**分散投資による効率性の向上が期待される**と説明されている。

例えば、他の資産と相関（連動性）が低い、もしくは逆相関（逆の動きをすること）のオルタナティブ資産である不動産をポートフォリオに組み込むことで、全体の資産の値動きを抑えながら、高いリターンを目指せるということだね。

オルタナティブ戦略はどうなんですか？

オルタナティブ戦略も同じようなイメージをもってもらっていいと思うよ。

例えば、オルタナティブ戦略の一つであるロング・ショート戦略は、ロング（買い）だけの伝統的な投資戦略と違って

オルタナティブ投資を組み込むことで分散効果が期待できる

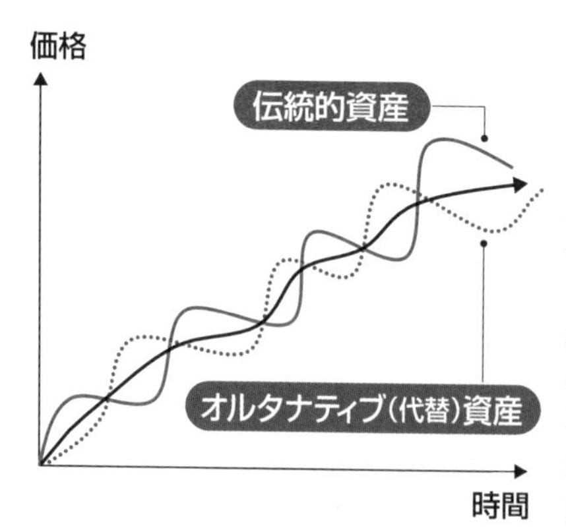

分散効果によると、値動きの異なる、もしくは連動性の小さい投資対象を組み合わせることで**リターンは平均化する一方、リスクは分散され、平均値より小さくなる**と言われています。投資資金（運用資産）全体のリスク（リターンの振れ）を抑制しながら、運用効率の向上を目指すことが可能です。

（注）上記の図は、証券投資におけるリスクの概念と分散投資効果への理解を深める目的で筆者が作成したイメージ図です。

「ショート（売り）」により、**相場の下げ局面ではリスクを抑えながら高いリターンを目指せる可能性がある。**
　これなどは、異なるリスク・リターン特性を持った戦略といえるだろうからね。

　わかりました。

　実は、昨日話した**フィデューシャリー・デューティーの観点、つまりは顧客本位の視点からも、オルタナティブ投資はいま注目されている**んだよ。

　ええ〜。顧客本位の視点からもですか？　それはどういうことですか？

　「顧客の最善の利益の追求」など金融機関の間でフィデューシャリー・デューティーへの取り組みが広がる中、「顧客にふさわしいサービスの提供」のためには、お客さまごとにリスク特性を把握したうえで、お客さまのニーズに対応した多様なリターン特性や投資期間の商品を提供することに加え、リスクを抑えるための資産の分散化が必要になってくる。
　こうした要請にこたえることができる一つの方法が、オルタナティブ投資ということなんだ。

　従来の伝統的資産である株式や為替、債券だけでなく、**リートやコモディティなどオルタナティブ資産などへ分散投資をすることで、リスク低減をはかりながら多様な顧客ニーズにこたえていく。**それが、フィデューシャリー・デューティーになるということですね。

そういうことだね。ちなみに、リスクとリターンの商品別の関係をわかりやすく表に示すと、次のような内容になる。前回、私が講師を務めた投信販売研修の時にも話したことだが、覚えているかな。

主要資産のリスク・リターン分析

リスク・リターン分析	日本株式	日本債券	日本REIT	金	原油	為替(ドル円)
リターン(年率平均)	8.0%	1.3%	10.5%	10.5%	9.0%	-0.1%
リスク(年率平均)	17.3%	1.5%	17.9%	17.1%	31.2%	9.3%
リターン／リスク	0.46	0.83	0.59	0.61	0.29	-0.01

リスク・リターン分析	新興国株	ハイイールド債	先進国株	先進国債券
リターン(年率平均)	13.1%	8.4%	9.9%	4.5%
リスク(年率平均)	21.0%	8.8%	14.3%	6.9%
リターン／リスク	0.63	0.95	0.69	0.65

＊株式はTOPIX指数、日本債券はS&P Japan Bond Index（日本）、日本REITは東証REIT指数、新興国株はMSCI Emerging Markets指数、ハイイールド債はバークレーズ米国ハイイールド債指数、先進国株はMSCI 先進国株指数、先進国債券はCiti RAFI Sovereign Developed Bond指数を使用。原油はWTI。期間はREITのトータルリターン指数が算出された2003年4月を起点に2019年12月末までの月次のトータルリターンを計測。リスクは標準偏差。

主要資産の相関係数

各資産	日本株式	日本債券	日本REIT	金	原油	為替(ドル/円)	新興国株	ハイイールド債	先進国株	先進国債券
日本株式	1.00	(0.39)	0.55	(0.13)	0.29	0.52	0.57	0.48	0.68	0.02
日本債券	(0.39)	1.00	0.06	0.17	(0.19)	(0.29)	(0.16)	(0.08)	(0.17)	0.34
日本REIT	0.55	0.06	1.00	0.07	0.15	0.20	0.42	0.44	0.51	0.20
金	(0.13)	0.17	0.07	1.00	0.19	(0.43)	0.32	0.15	0.13	0.52
原油	0.29	(0.19)	0.15	0.19	1.00	0.14	0.47	0.38	0.44	0.21
為替(ドル/円)	0.52	(0.29)	0.20	(0.43)	0.14	1.00	0.03	0.06	0.15	(0.47)
新興国株	0.57	(0.16)	0.42	0.32	0.47	0.03	1.00	0.72	0.86	0.50
ハイイールド債	0.48	(0.08)	0.44	0.15	0.38	0.06	0.72	1.00	0.75	0.35
先進国株	0.68	(0.17)	0.51	0.13	0.44	0.15	0.86	0.75	1.00	0.44
先進国債券	0.02	0.34	0.20	0.52	0.21	(0.47)	0.50	0.35	0.44	1.00

＊株式はTOPIX指数、日本債券はS&P Japan Bond Index（日本）、日本REITは東証REIT指数、新興国株はMSCI Emerging Markets指数、ハイイールド債はバークレーズ米国ハイイールド債指数、先進国株はMSCI 先進国株指数、先進国債券はCiti RAFI Sovereign Developed Bond指数を使用。原油はWTI。期間はREITのトータルリターン指数が算出された2003年4月を起点に2019年12月末までの月次のトータルリターンを計測。リスクは標準偏差。（　）はマイナスの相関。

はい。覚えています。分散投資のメリットについても、その時、勉強しました。「一つの籠に入れるな」って先輩が熱く連呼していたのを覚えています（笑）。

一極集中投資をすると、うまく行く時は利益も大きいけど、失敗すると損失も大きくなる。

違う値動き、つまり相関係数がマイナスだったり、1より小さい値の商品に分散投資すると、トータルでリスクを抑えながら運用効率を高めることができるんですよね。

そういうことだね。銀行の投信営業担当者にも、**幅広い市場、商品、リスク・リターン特性、分散の効果などの深い知識を持ったうえで、お客様へのしっかりとした提案を行うことが必須となってくる**だろうね。

わかりました。取り扱っている商品・市場だけでなく、幅広い商品・市場やリスク・リターン、分散の効果など総合的にこれからも勉強していきます！

ところで先輩、むずかしい話で、だいぶおなかがすいてきたので「長期のファンダメンタルズ分析の理解」についてはご飯を食べながらしっかりと教えてください。先輩のおごりで構いませんので（笑）。

まったく加藤君は勝手だな〜（笑）。といってもだいぶ時間がたったので、ご飯を食べながら話を続けよう。

やった〜！

2　長期のファンダメンタルズ分析についての知識を確認する

［居酒屋にて］
かんぱーい！

かんぱい！　ご飯と言っていたのに、結局、飲みになってるじゃないか（笑）。

いや～。先輩、勉強の後のビールはうまいっすね。

おいおい、まだ勉強の途中だぞ（笑）。

そうでしたっけ？　ビールを飲んでると、もうどうでもよくなってきますね。

まったく困ったもんだ。 さあ、始めるぞ。

はーい。

じゃあ次は、「**長期のファンダメンタルズ分析の理解**」という話だ。1年前の研修で教えたファンダメンタルズ分析の基本について、復習がてら、私をお客さまだと思って教えてくれるかな？

わかりました。先輩。私の腕前をぜひ、ご堪能あれ！

ではどうぞ。

はい、始めます。

お客さま、**ファンダメンタルズ分析とは、マクロ経済動向、企業業績動向などを予測したうえで、株価の理論価値、言い換えれば本質的・本源的価値を計算し、投資判断を下す手法**です。

つまり、株式で言うなら、企業の業績動向を予想して理論株価を出し、今の株価と比べて割安なら買い、逆に今の株価と比べて割高なら売りという判断を下す手法ということなります。

じゃあ、株式投資にファンダメンタルズ分析を使う場合、具体的にはどういった指標などを見て判断していったらいいのかな？

はい。例えば、PER、PBRなどです。

では、まずはPERについてわかりやすく説明してくれるかな？

わかりました。

PERというのは株価収益率のことで、業績面から株価の割安、割高を判断するための指標です。株価が「1株当たりの当期純利益」の何倍になっているかを示します。

一般にPERが高いと利益に比べて株価が割高、低ければ割安であるといわれます。

実際に計算してみましょう。

例えば、同じ業種のA社・B社があり、A社の株価が1万2,000円、B社の株価が5,000円。一方、1株当たりの利益はA社が400円、B社が500円とします。

この両社の株価収益率を計算すると、A社が1万2,000円÷400円で30倍、B社が5,000円÷500円で10倍となり、A社と比べ、B社のほうが割安となります。

この場合、単純計算では、B社が500円の1株当たり利益を10年間継続すれば500円×10年＝5,000円となり、株主は10年で投資資金を回収できることになります。

このように、**PERは投資資金を1株あたり利益だけで回収するのに何年かかるかを表しています。株価は会社の業績を先取りして動くと言われているので、通常は予想の1株当たり利益を使用します。**

どうでしょう？　こんな感じで…。

なかなかいいよ。もう少し続けて。

はい。続けます。

今度は、株価が同じ500円のC社、D社があるとします。C社の1株当たり利益が25円、D社の1株当たり利益が50円だとします。

この場合、同じ株価に対してD社の方が1株当たりに対して利益を稼いでいるので、C社と比べてD社のほうが割安となります。

●PER（株価収益率）とはこういうこと

株価収益率とは
利益の観点から株価が割安か割高かを判断するための指標

$$\text{PER（倍）} = \frac{\text{株価}}{\text{1株当たり当期純利益}}$$

$$\text{1株当たり当期純利益} = \frac{\text{当期純利益}}{\text{発行済株式総数}}$$

◆例えば、同じ業種のA社・B社で比較すると…

例題	株価	1株当たり利益
A	12,000円	400円
B	5,000円	500円

解答	計算式	PER
A	12,000円÷400円	30倍
B	5,000円÷500円	10倍

◆この場合、**相対的に割安なのはB社。**

株価は毎日変動しますが、B社は投資資金を10年で回収する計算になります。

ただし、PERは一概に何倍が妥当という水準を示すわけではないので、**投資先となる会社の過去のPERの動向をみたり、同業他社や業界平均などと比較して、相対的な指標として活用することが大切です。**

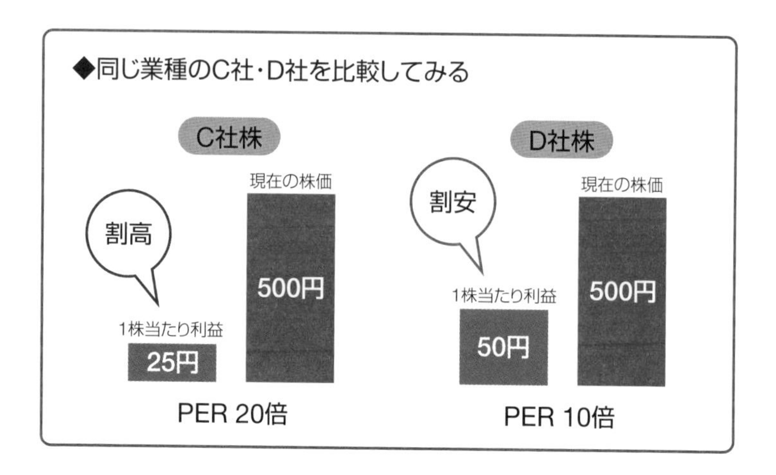

わかった。では、次にPBRを教えてくれる？

PBRとは株価純資産倍率のことで、資産の観点から株価が割安か割高かをみる指標です。純資産からみて株価の割安、割高を判断するということで、株価が直前の本決算期末の「1株あたり純資産」の何倍になっているかを示します。

1株当たり純資産は会社の解散価値とも呼ばれ、会社の純資産と現在の株価との比較であり、**PBRが小さいほど相対的に株価が割安であることを示しています。**

こちらも実際に計算してみましょう。

例えば、A社の1株当たりの純資産が1,000円の場合を考えてみます。株式会社は株主のものという考え方のもとでは、この時点で会社を解散すると株主は1株当たり1,000円を手にすることができます。

A社の株価も1,000円ということであれば、それを株式市場で売却しても、手にするお金は1,000円となります。つまり、

●PRB（株価純資産倍率）とはこういうこと

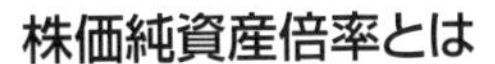

資産の観点から株価が割安か割高かを判断するための指標

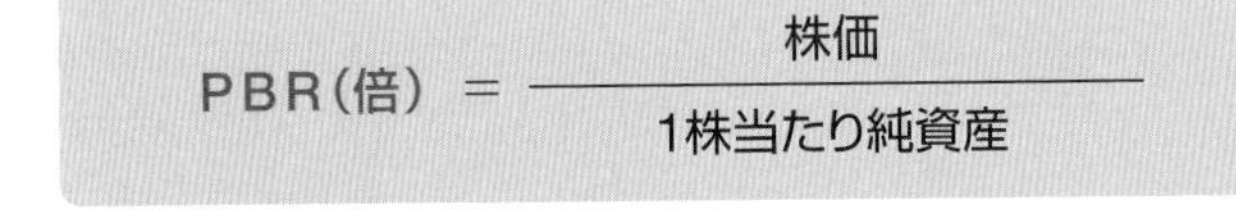

1株当たり純資産 ＝ 純資産 / 発行済株式総数

◆例えば、A社の1株当たり純資産が1,000円で
株価も1,000円の場合…

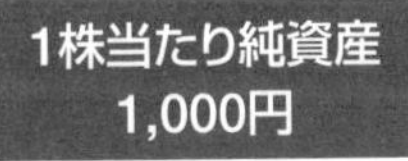

A社株価
1,000円

計算式	PBR
1,000円÷1,000円	1.0倍

1株当たりの純資産と株価は同じ価値ということになり、これを計算式で表すと、1,000円÷1,000円でPBRは1.0倍となります。これがPBR（株価純資産倍率）の考え方の基本となります。

では、PBRが割安か割高かはどのようにして判断すればいいのかな？

A社の株価が1,000円、1株当たり純資産が1,000円、これが先ほどお話ししたPBR1.0倍の状態です。

もし、純資産は変わらないで株価が例えば700円まで下落した場合どうなるのでしょうか？

株式を購入するのに1,000円を支払っていたものが、700円で手にすることができるようになります。当然、買い付ける金額（株価）は少ないほうがお得なため、割安と言えるでしょう。

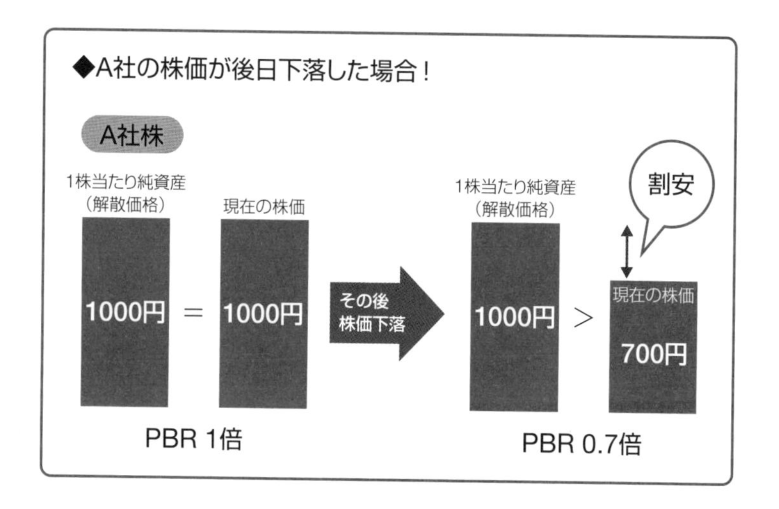

ただし、**成熟企業のように、成長があまり期待できないため（投資家の視点から言えばキャピタルゲインへの期待が持ちにくいため）万年割安な企業もある**ので、PBRが低いから良いというわけではありません。

PER同様、他の業種などとも比較し、総合的に判断することが、投資を行ううえでは大切になります。

加藤君、わかりやすくて、いい説明だったよ。去年の研修で行ったロールプレイングからだいぶ成長したようだね。

そうなんです。ほぼ完璧でしょ、先輩（エッヘン）。

まったく、すぐ調子に乗るところは成長していないようだね（笑）。

ある映画で「思いあがりは若者の特権だ」って言ってましたよ。

都合のいいセリフは覚えているんだな。若さってまさに特権だね（笑）。

お褒めいただき、ありがとうございます（笑）。

3　歴史分析の視点を加えることで投資判断の軸を持つ

[居酒屋での講義・続き]

今のファンダメンタルズ分析の話はなかなかいい説明だったが、一つだけアドバイスしよう。**長期のファンダメンタルズ分析を語る際には、「歴史分析」を押さえておくと投信販売においても投資判断の軸ができる**と思うよ。

え、歴史分析ですか？　歴史って、あまり得意じゃないんですよね。体育だったら大の得意だったので、わからないことがあっても、気合と根性で突破する自信はありますが（笑）。

じゃあ、気合と根性がある加藤君がちゃんとわかったうえで突破できるように説明しよう（笑）。

ちょっと聞くけど、世界の中で、あるいは歴史の流れの中で、長期的に日本株のファンダメンタルズをどう見て、日本株の今後をどう判断していけばいいだろうか？

話が壮大すぎて、酔いがまわりそうです（笑）。

話が壮大だからじゃなくて、ただ単に、飲みすぎて酔いがまわってるだけじゃないのか（笑）。

日本株ですか？　う～ん。世界の中でみると、日本は借金を抱えているし、人口も減っていく見通しだし、正直言って、長期の成長力にあまり魅力を感じないんですよね。

お客さまの中にも、日本より米国のほうが成長性が高いからと言って、米国株の投信を購入され、日本株の投信の購入を躊躇される方は多いですからね。

バブル崩壊以降、失われた20年とも25年とも言われる構造不況に陥ってきた状況から判断すると、そう思うのも無理はないかもね。でももし、少し長い歴史からみると、日本の違う姿も映し出される。

今、われわれは資本主義の時代に生きている。だからこそ資本主義の先を走っていると考えられ、世界最大のGDPを誇るアメリカや、産業革命など資本主義の恩恵を享受してきた大英帝国のイギリスの動向をしっかり見ていくと、いろいろなことがわかってくるんだ。

そうなんですか？

では、長期のファンダメンタルズの歴史分析ということで、アメリカとイギリスの状況についてみてみよう。

近年こそ長期の高成長を謳歌してきたアメリカだけど、かつては日本と同じように構造不況を経験してきた。

例えば、70～80年代のアメリカがそうだった。当時はスタグフレーション（物価の上昇を伴う景気後退）が発生するなど、16年以上にわたって「株式の死」と言われる、ほとんど株価が上がらない時代を過ごしてきたんだ。

へー、そうなんですか。

そうだよ。（スマホで画像を検索し）この顔の大統領の名前、

わかる？

誰でしょう……。

ロナルド・レーガン元大統領。1981年から1989年の間、アメリカ大統領を務めていた。元は俳優だったんだよ。そのレーガンによって打ち出された構造改革の動きが**レーガノミクス**なんだ。

「レーガノミクス」……ですか。日本でも似たよう名前の政策が打ち出されていたような……。先輩、詳しく教えてください。

レーガノミクスとは、レーガン大統領がとった規制緩和、減税などの経済政策を言うんだ。

共和党を与党とするレーガン政権は、軍事費等の拡大で政府支出を拡大させる一方、市場原理と民間活力を重視し、規制緩和や富裕層向け、企業向けの減税を行う構造改革を行い、強いアメリカを復活させる経済政策を行った。

それによって長期の潜在成長率を高めることで、一人当たりのGDPを長期的に引き上げることができ、経済、株式市場も長期の上昇トレンドを謳歌することができたとも言われているんだ。

加藤君、1980年代のNYダウはだいたい、いくらぐらいだったと思う？

うーん、検討がつかないですね。

アメリカの1人当たり名目GDPとNYダウの推移（1980年〜2016年）

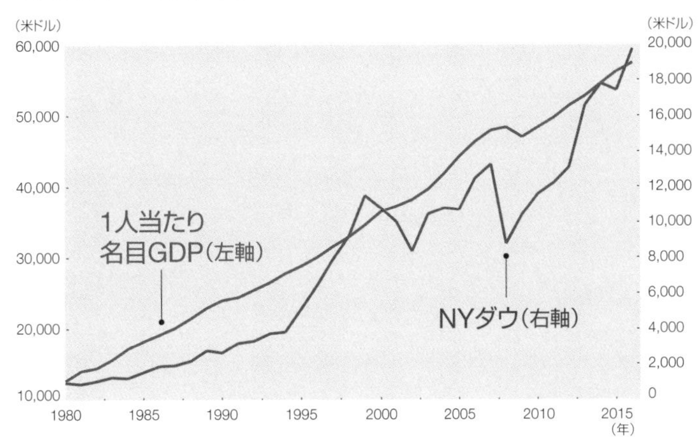

当時はだいたい2,000ドルぐらいだったんだ。

え〜。そんなに安かったんですか？

代表的な指数であるNYダウが、時代の流れを経て10倍以上になっているというのは驚きだよね。これこそは長期の良好なファンダメンタルズを反映した株式投資の魅力といえるだろうね。

それにしても10倍以上とはすごいですね。日本株でいうなら、バブル崩壊後日経平均は7,000円ぐらいまで下がっていたので、それが7万円以上に上がっているという計算ですよね。

なんかワクワクしてきましたね。はやく、そういう時代がこないかな〜。

次にイギリスの例をみていこう。
アメリカと同様、イギリスも同じように構造不況に陥り、そして構造改革を行ったんだ。それがサッチャーの時代だよ。この顔の人だ。

サッチャーさんですか？　あ、映画で見たことがあります。

そうだね。彼女の伝記映画「マーガレット・サッチャー　鉄の女の涙」が2012年に日本でも公開されたからね。

1980年代のイギリスでマーガレット・サッチャー政権によって推し進められた、民営化や規制緩和を中心とした経済政策を**サッチャリズム**というんだ。

当時のイギリスは、規制や産業の国有化といった産業保護政策などにより国際競争力が低下していた。また、スタグフレーション（物価の上昇を伴う景気後退）が発生し、いわゆる「英国病」と呼ばれる状況下に置かれていたんだ。

イギリスもアメリカと同様、構造改革を行った。具体的にに言うと、サッチャー政権（保守党）の経済政策は、高福祉の社会保障政策をとり、社会保障支出の拡大を継続する一方、国営の水道、電気、ガス、通信、鉄道、航空などの事業民営化と経済に対する規制緩和を推し進めたんだ。
そしてそういった構造改革などが奏功し、長期的な潜在成長率を高め、1人当たりの名目GDPを伸ばすことに成功し、イギリスも長期の株高トレンドに入っていったとも言われて

イギリスの1人当たり名目GDPとFTSE100の推移（1983年～2016年）

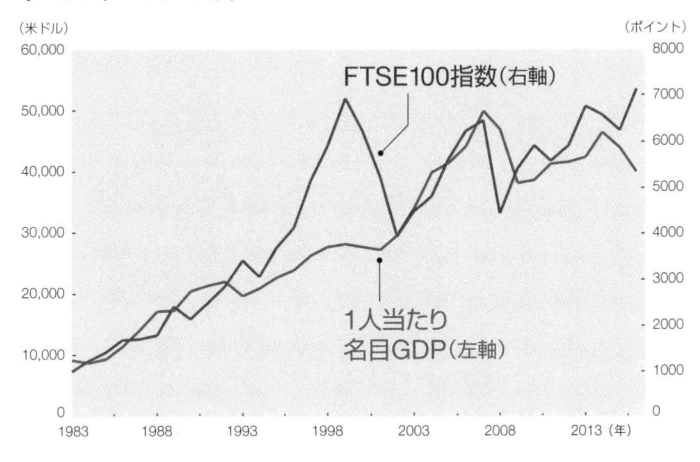

いるんだ。

アメリカの場合もイギリスの場合も、1人当たりの名目GDPが長期的に高まることで、長期の株価上昇につながっていったんですね。これは世紀の大発見！

では、本題の我が国、日本も見てみよう。

2012年11月の野田元首相による衆議院解散表明、12月に第2次安倍政権が発足したのを機にアベノミクス相場が始まった。

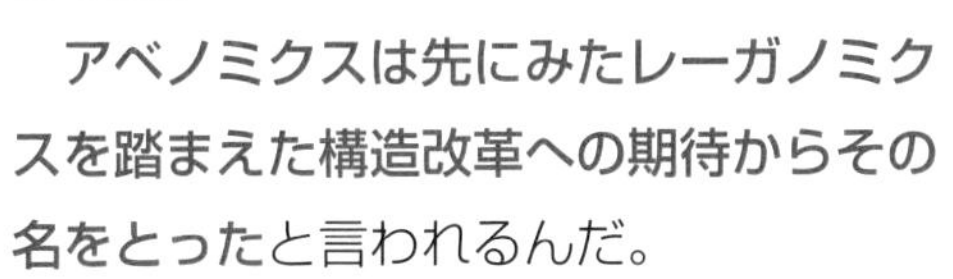

アベノミクスは先にみたレーガノミクスを踏まえた構造改革への期待からその名をとったと言われるんだ。

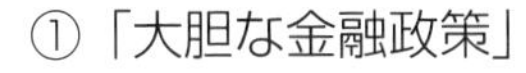

①「大胆な金融政策」

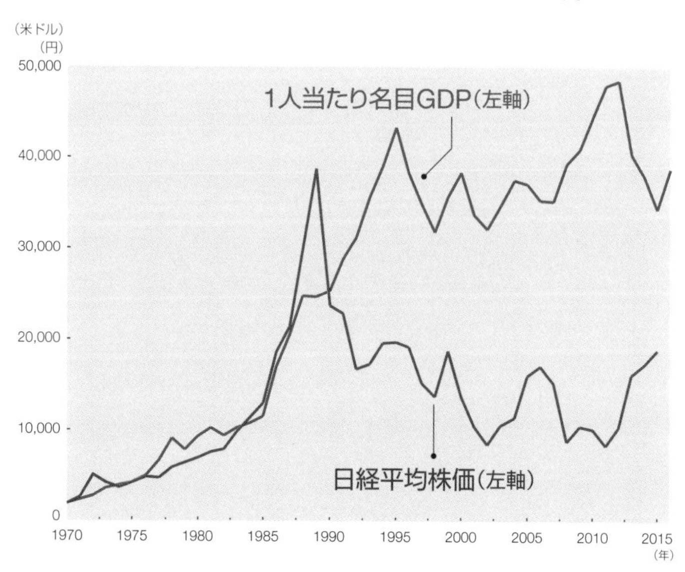

②「機動的な財政政策」
③「民間投資を喚起する成長戦略」

という三本の矢が好感されて外国人投資家中心に買いが入り、株価は大きく上昇した。

ちなみに、アベノミクスが打ち出された時、海外投資家がなぜこれほどまでに日本株に買いを入れたと思う？

アメリカ、イギリスの構造改革の歴史とその後の発展・繁栄を知っていたから、つまりアメリカ、イギリスの過去の事例を分析していたので、もし日本の構造改革がうまくいき、長期的に潜在成長率を高め、1人当たりの名目GDPを引き上げることができれば、長期の日本株の上昇に期待が持てると思ったからじゃないですか。

正解だ。歴史分析の本質をつかんできたようだね。

もちろん、人口、産業、文化、風土、国民性など国ごとに違いがあるけど、**資本主義の歴史を踏まえ、発展段階をしっかり学べば、大きな流れの中での投資判断の軸を持つことができる**ということだろうね。

歴史分析ですか、面白いですね。

日本の株式市場が長期で上昇するかどうかは、構造改革が成功し、1人当たりの名目GDPを引き上げることができるかどうかにかかっているという見方、また、**もし成功したら日本の株式市場も長期的に魅力の持てる投資対象に変わる転換点にいる**ということも見えてきました。

日本の後を追っているアジア各国への投資も、歴史分析の視点で投資していくと面白いかもしれませんね。

中国に加え、インドやインドネシア、フィリピンなど成長期待が持てそうなアジア株の投信などもあるので、そうした視点も交えて分析していけばいいということですね。

先輩、今日は長時間ありがとうございました。また明日も懲りずによろしくお願いしますね。

OK。では、また明日ね！

第3章

お客さま個々のニーズを踏まえた提案を行うには

本章で取り上げるテーマは…

対面投信営業で生き残るための2つ目のポイントが、ライフプラン、ライフスタイル、ライフステージ、家族構成など、お客さま個々の状況やニーズを踏まえた、きめ細かい提案を行う力だ。本章はこれがテーマ。

1　お客さま本位の営業の実現には“FP的知識”を3ステップで生かす

水曜日：勉強会第3日目

[17時30分・本店カフェテリアで]

先輩、今日は水曜日、週半ばです。昨日は、居酒屋での意義ある延長講義、ありがとうございました！

昨日はお疲れさま。今日は投資スキルの2つ目のポイントについて話す予定だけど、始める前に、まずは昨日の復習をしよう。

昨日の話のポイントは、次の3つだ。

①多様な金融・投資商品・市場の知識の習得が大事
②リスク・リターン分類や分散投資の効果もしっかり頭に入れよう
③長期のファンダメンタルズ分析を理解する

思い出したかな？

ちょっと飲みすぎましたが、先輩のわかりやすい講義のおかげで、3つのポイントはちゃんと頭に入っています。

さすが加藤君だ。次世代のプロフェッショナル投信担当者を目指して、今日もがんばっていこう。

えへへ。昨日に引き続き、先輩に褒めてもらって、うれしいです。がんばります。

ところで今日は、次世代のプロフェッショナル投信担当者に求められるスキルの2つ目のポイントとして、お客さまのライフプラン、ライフスタイル、ライフステージ、家族構成など、お客さま個々の状況やニーズを踏まえた、きめ細かい提案について教えていただけるんですよね。

そうだね。そうした提案を行えるようになるには
①**相続、税務、不動産なども含めたFP的知識**
②**対話力とカウンセリング力**
が必要だ。
まずは①の「相続、税務、不動産なども含めたFP的知識」について具体的に考えてみよう。

はい。お願いします。

最初に、「FP的知識」とはどういうことを言うのかだが、NPO法人の日本FP協会のホームページから言葉を借りると、**「人生の夢や目標をかなえるために総合的な資金計画を立て、経済的な側面から実現に導く方法」**をファイナンシャル・プランニングというとされている。

またそこには、「ファイナンシャル・プランニングには、家計にかかわる金融、税制、不動産、住宅ローン、保険、教育資金、年金制度など幅広い知識が必要になります。これらの知識を備え、相談者の夢や目標がかなうように一緒に考え、サポートする専門家がFP（ファイナンシャル・プランナー）

です」とも記載されているね。

「FPは、相談者の夢や目標を達成するために、ライフスタイルや価値観、経済環境を踏まえながら、家族状況、収入と支出の内容、資産、負債、保険など、あらゆるデータを集めて、現状を分析します。そして、相談者の立場や、ライフイベントを考慮したうえで、長期的かつ総合的な視点でさまざまなアドバイスや資産設計を行い、併せてその実行を援助します。また、必要に応じて、弁護士や税理士、社会保険労務士、保険・不動産の専門家、銀行・証券会社などの各分野の専門家のネットワークを活かしながらファイナンシャル・プランニングを行います。」

出所：日本FP協会のホームページ

ファイナンシャル・プランニングを実践する人がFPということですよね。昨年の研修でみっちり教え込まれましたよ。

じゃあ、FPが手掛ける分野って、どういうものがあったか覚えているかな？

はい。「家計管理」「教育資金」「年金・社会保険」「住宅資金」「資産運用」「税金」「保険」「介護・医療費」「相続・贈与」などです。

うん、100点だ。

ありがとうございます。つまり、「FP的知識」というのは、いま挙げたような分野の知識のことで、それを身につけることが、これからの投信営業担当者には必要だということですね。

そういうことだね。

でも、FPの分野って本当に幅広いじゃないですか。これほどまでに幅広い分野について専門知識があれば、それはお客さまのためになるし、たぶん営業担当者としてエース級になれると思います。

でも、そんな広い分野に詳しくなるなんて、正直言って自信ないです。

たしかに、すべての分野について深い知識があるのが理想だけど、全部が全部、自分一人でやる必要はないんだ。

まずは、幅広い分野の知識を一通り身につけたうえで、いくつか深い知識のある自分の専門分野を持ち、それぞれの分野の専門家と連携しながらお客さまの相談に乗ることができれば、それがお客さま本位の営業スタイルになる。

たしかにそうですね。1人ですべてできなくてもいい。そう考えると、少し気が楽になります。

つまり、お客さま本位の営業スタイルを実現するには、次の3つのステップを踏めばいいということですね。

ステップ1は、幅広いFP的な知識を身につけること。

ステップ2は、その中から一つでも多く自分の専門分野を深掘りすること。

ステップ3は、他の専門家の力を借りることができるよう横のネットワークを構築すること。

どうでしょう。いつも先輩が言っているように、3つのポイントに整理してみましたが。

完璧だね。

2　「対話力」や「カウンセリング力」を向上させるために必要なスキルとは？

［本店カフェテリアで・続き］

じゃあ次は、投信販売に必要な**「対話力」や「カウンセリング力」**について見ていこう。

加藤君は、**「コーチングアプローチ」**とか**「カウンセリングアプローチ」**といった言葉は聞いたことがあるかな？

コーチングもカウンセリングも、言葉はよく聞きますが、どういうものか、その違いも含め、いまいちよくわかりません。

そうか。では、まずそこから説明しよう。

コーチングアプローチというのは、対話のプロセスを通じて、お客さま本人に目標を達成するための戦略や具体的な行動計画を考えてもらい、自分自身で答えを見つけることを促すアプローチだと言えば、わかりやすいかもしれないね。

一方、**カウンセリングアプローチというのは、主に、お客さまが抱えている問題に対して、お客さまが感じている気持ち、感情などの心に寄り添いながら問題の原因を深く探っていくアプローチ**だ。

コーチングは、現在・未来志向で、抱えている問題の解決を図っていくアプローチ。それに対しカウンセリングは、問題の根本原因を深く掘り下げていく過去・現在志向が比較的強いアプローチと言えばイメージしやすいかな。

う～ん。わかったような、わからないような…。具体的にいうと、「コーチング」や「カウンセリング」ではどういった問いかけをするんですか？

アプローチの詳しい方法については「コーチング」や「カウンセリング」の専門書を読んでもらうといいと思うんだけど、例えば、コーチングアプローチでは

「このマイナスの現状をどうやってプラスの状態に持っていきたいと思いますか？」
「問題解決のための具体的な方法として、どういったことが考られますか？」
「今回の失敗の教訓を次にどうやって生かしていくといいと思いますか？」

など、**主に現在、未来、今後のあるべき姿に焦点を当てる。**

一方カウンセリングアプローチでは

「今、どういったことで悩んでいらっしゃいますか？」
「今、どういったお気持ちですか？」
「それはお辛いですよね。過去にも同じような気持ちを持たれたことはありますか？」

など、**主に過去、現在、今の気持ちに焦点を当てる**ことが多いね。

コーチングアプローチにもカウンセリングアプローチにも、いろいろな技法があるんだが、中にはカウンセリング的要素もありながらコーチングアプローチ的要素もある**「解決志向」**という技法もあって、これなどは、投信の営業現場でも使いやすいアプローチと言えるだろうね。

解決志向ですか？

そう。解決志向のアプローチというのは、問題やその原因、改善すべき点を追究するのではなく、解決に役に立つ資源（能力、可能性等）に焦点を当て、それを有効に活用するアプローチと言われる。解決に焦点を当てることによって短期間での解決を目指す心理療法モデルなんだ。

「何がいけないのか？」と考える代わりに「自分が望む状態をもたらすために何が必要なのか？　何ができるのか？どうやったらできるのか？」を考え、解決方法をつくり出していくのが特徴的なアプローチなんだ。

どちらかというと、コーチングアプローチの発想が強い感じがしますね。

そうかもしれないね。例えば、解決志向アプローチには、**「ミラクルクエスチョン」「スケーリングクエスチョン」「コーピングクエスチョン」**などの質問方法があるんだが、これらをみると、解決志向アプローチはカウンセリングアプローチとコーチングアプローチがミックスしたものであることがわかるよ。

ミラクル…？　スケーリング…？　コーピング…？　なんだか不思議の国に迷い込んだ感じです。

ミラクルクエスチョンとは、状況が好転したと仮定する質問方法で「もし明日、株価が上昇して含み損が縮小したら、どんな気分になりますか?」などと聞く技法。

スケーリングクエスチョンとは、今の状態を点数であらわすための質問方法で、「最高の状態を10、最低を1とした場合、今の投資満足度は何点ですか?」と聞く技法だ。

「今年1年の投資を振り返り、自分の投資ポートフォリオのアロケーションは、リバランスも含めて10点満点で何点だと思いますか?」

などが典型的な問いかけだろうね。

一方、**コーピングクエスチョン**とは、過去または現在の問題に対する対処法(コーピング)を聞き出す質問方法で、例えば、「これまで株価が下落した時には、どのように問題やストレス、プレッシャーに対処してきたのですか?」と聞くような技法だ。

こういった質問方法により、目標・課題設定がより具体化され、解決に向けたアクションに注力していけるようになることを目指すアプローチなんだ。

ふむふむ。

お客さまに接する時に、どのようなお声かけが持続的なリレーションの構築・維持に最適なのかを考えるうえで、こういった会話のノウハウは大事になってくるだろうね。

心理学を学んでいくと、そのためのいろいろな技法があるのがわかる。興味があれば、そういった本も読んでいくといいかもしれないね。

わかりました。心理学なども幅広く勉強してみます。

がんばって。

投信の営業現場でコーチング、カウンセリングを具体的に実践する時のトークは、また後日しっかりと説明することにしよう。

わかりました。ありがとうございます。

解決志向アプローチの質問方法の例

①ミラクルクエスチョン

もし明日、株価が上昇して含み損が縮小したら、どんな気分になりますか？

②スケーリングクエスチョン

今年1年の投資を振り返り、自分の投資ポートフォリオのアロケーションは、リバランスも含めて10点満点で何点だと思いますか？

③コーピングクエスチョン

これまで株価が下落した時には、どのように問題やストレス、プレッシャーに対処してきたのですか？

3　お客さまの年齢や生活スタイルに合わせた提案とはどういうものか

[本店カフェテリアで・続き]

ライフプラン、ライフスタイル、ライフステージ、家族構成など、個々のお客さまの状況やニーズに合わせた提案を行ううえで、必要になるスキルについてはわかりました。

では、そうしたスキルを身につけたうえで、具体的にはどのような提案を行っていけばいいのでしょうか。

まず理解しておいてほしいのは、**金融商品の提案は、お客さま自身や家族の年齢、価値観、生活スタイルによって、当然その内容が変わってくる**ということだ。

例えば、加藤君のような**20代の「若手世代」**は、「現役世代（30代〜50代）」、「リタイヤ世代（60代以上）」と比べると、新しい価値観、スタイルを取り入れることには柔軟だろうけど、収入、金融資産などは比較的少ないと想定されるよね。

ただ、資産運用においては、どの年代よりも長期投資が可能だ。そう考えれば、**複利効果を活用して、少額でもしっかりと資産形成を行っていくように提案することが大事**になってくる。

特に市場の変動に一喜一憂せず、定期的に長期で買い付ける積立投資などが向いていると言えるだろう。

はい。そうですね。実際、僕自身もNISAやイデコを活用して積立投資をやっています。実践経験があって初めてお客

さまの気持ちになれますから。

それはすばらしい。**お客さまに商品やサービスをすすめるにあたり、自分自身で投資をしてみて、さらには、税制メリットのある制度を実際に使ってみることは非常に大切なことだ。**

自分が体験することで、そのメリット・デメリット両面をお客さまの立場になって説明することができるようになるからね。

ありがとうございます。

そんな「若手世代」に対し、**30代〜50代の「現役世代」**は、収入は増加するものの、子供の成長などに伴い、教育費、住宅費も増え、「使う」「増やす」「貯める」の3つのバランスをどうとっていくかで老後の金融資産の在り方も大きく変わってくる。

そうした点では、今後のライフプラン、ライフステージなどを考えて、NISAがいいのか、それとも、つみたてNISAがいいのか、イデコではどのくらいの掛け金で、またどう併用していったらいいのかなど、**家族構成や資金作りの目的などもしっかりヒアリングしたうえで、総合的に考えることが大事になってくる**よね。

そうですね。お客さまやそのご家族の状況・思いをしっかりと理解したうえで、ご予定の資金使途が、お子さまの教育資金なのか、リタイア後の生活資金なのか、車や住宅の購入資金なのか、レジャー用の資金なのか、また、いつ取り崩しが必要で、足りなかった場合はどう手当てしていくかなどをしっかりと意識しながら、長期の資産形成のお手伝いをして

いきたいです。

世代を大きく3つに分けたとき、いま見た2つの世代と比較し、収入は減る一方ではあるものの、比較的多くの金融資産を保有しているのが**「リタイヤ世代」**だ。

「リタイア世代」は、日本の高齢者・シニアに金融サービスをしっかり提供していくという観点からも、加藤君にはしっかりと取り組んでほしい世代なんだ。

高齢者・シニアへの金融サービスの提供ですか？

日本は特に高齢化が進んでいることもあり、高齢者のニーズや不安への効果的な対応とともに、**顧客本位にのっとった「高齢社会における金融サービスのあり方」が金融庁などでも議論されている**んだ。

そこでは特に高齢者の不安に注目が集まっており、高齢者が抱える、①資産を取り崩すことへの不安、②判断能力・認知能力の低下への不安、③身体能力の衰えへの不安、④孤独への不安、⑤相続・贈与への不安などにどう対応していくかが大きな課題として挙げられている。

うちのおじいちゃんも最近、体力とともに判断・認知能力が落ちてきたといっており、取引金融機関の営業担当者がしっかりとそうしたことへ対応してくれるとうれしいと言っていました。そういうことでしょうか。

そうだね。そういったことを意識して、**ゆっくり、わかりやすく、噛み砕いて話す。重要なところと重要でないところのメリハリをつけ、高齢者が理解しやすいように話す**といっ

たことなどは、投信営業担当者に求められる重要なポイントの一つだろうね。

「資産を取り崩すことへの不安」への対応ということだと、どういったことが考えられますか。

「資産を守り、効果的に運用しながら引き出していく」ことが可能な、好配当・好分配な資産ポートフォリオを提案していくといったことがあるだろうね。

なるほど。もう少し具体的に言うと、どういった資産ポートフォリオをイメージしておけばいいのでしょうか。

例えば、株式に比べて分配金利回りの高いリート（不動産投資信託）や好配当株、また金利の比較的高い外国債券の投資信託などを組み合わせ、分散投資をしながら、資産を守り、配当・金利・分配金を生活資金の足しにしたり、旅行などのレジャー代に使っていくといったことも一つのアイデアかもしれないね。

元本をあまり取り崩さず、投資による配当・金利・分配金で生活していければ、「資産を守り、効果的に運用しながら引き出していく」という、まさに高齢者のニーズにあったポートフォリオになるかもしれませんね。ありがとうございます。

あと、他の不安についても言っておくと、「判断能力・認知能力低下への不安」に対しては、家族に同席してもらったり、メモ、録音などをうまく活用したりするなど、お客さまに寄り添う姿勢が大事になるだろうね。

「身体能力の衰えの不安」に対しては、直接訪問もしくは、家にいていただいたまま、ご面談できるような営業手段のセッティング（インターネットやテレビ電話）なども大事かもしれない。

また、「孤独への不安」に対しては、カウンセリング的アプローチを行ったり、対面・電話での接触頻度を増やすことが必要だろう。

加えて、「相続・贈与への不安」に対しては、相続・贈与を含めた包括的な資産運用サービスの提供が求められる。

そういった高齢者の不安に寄り添ったサービスがしっかりできると、お客さまも喜んでくれそうですね。

第4章

投資分析の手法とマーケットでの実践方法を学ぶ

本章で取り上げるテーマは…

本章では、対面投信営業で生き残るための三つ目のポイントとして、持続可能な投資・資産運用を行うための多様な「投資分析手法」と、マーケットでのその実践方法について学びます。

1　市場の動きで一喜一憂しないための「投資メンタルマネジメント」

木曜日：勉強会第４日目

[17時30分・本店カフェテリア]

先輩、もう木曜日ですね。勉強会も今日で4日目。先輩のおかげでだいぶ賢くなった気がします！

気がしますじゃなく、実際、賢くなっていることを祈るけどね（笑）。まあ、今日もしっかり学んでいこうか。

今日は、顧客本位の姿勢と収益を両立させる三つ目の重要な要素として、**持続可能な投資・資産運用を行うための多様な「投資分析手法」**について、その理解を深めるとともに、マーケットでの実践方法を考えていこう。

その前に、いつものように復習を行うことにしようか。

はい。よろしくお願いします。

昨日話をしたのは、

①投信販売に必要なFP的知識について
②対話力とカウンセリング力について
③お客さまの世代別の取り組み、特に積立投資やシニア金融への取り組みについて

この3つがポイントだった。

はい。

では、今日の本題に入るが、個人的には、これから話す「多様な投資分析手法」こそが、次世代の投信営業のエースになってほしい加藤君に、ぜひ身につけてほしいスキルなんだ。

お～、そうなんですか？　僕は次世代のエースですか。

食いつくのはそこかい。

とにかく、僕自身の経験やキャリアから言うと、**マーケットの変動を理解し、それに対応するスキルというのは、投信販売を行っている証券マンと比較し、銀行員が一番差を付けられている部分**といえるんじゃないかな。

たしかに僕たち投信販売をしている銀行員にとって、例えば2018年末にかけての日経平均の急落などは、一体何が起きたのかわかりませんでした。

（注＊2018年10月、日経平均は、27年ぶりの高値である約2万4,500円をつけた後、急落し、12月26日には一時1万9,000円を割り込む展開となった）

唖然、茫然で立ちすくみ、お客さまから電話があってもどう答えていいのかわからず、「長期のファンダメンタルズからみて買いだと思います」「まだ大丈夫だと考えています」と言ってはみても、言えば言うほど株価は下がっていって、投信の基準価額は下げ止まらず…。

もう本当にどうしていいかわかりませんでした。

そうだったか…。本当はそこで、**なぜ、市場が急落したのか、そしてどこまで下がって、今後はどういった方向に向かうのかについて、自分なりの判断基準を持っていることができたらよかった**んだけどね。

例えば、そのときの株価急落が単なる短期的な株価のブレにすぎず、すぐに長期の上昇トレンドとしてのファンダメンタルズ価値に戻る動きなのか？　それともファンダメンタルズの悪化を事前に察知した市場の動き、つまり株価が下降トレンドに入る前触れなのかどうかをつかむことが大事だったんだ。

詳しくは後で話すが、今日のテーマである「多様な投資分析」のスキルを身につけておけば、そうした判断も可能だったはずだ。

月曜日に講義を受けた「ファンダメンタルズ分析」などをしっかり理解したうえで、実践的にマーケットを判断していくということですね。

そういうことだね。

次に、そうしたマーケットの判断、つまりは「想定したシナリオ」があったうえで、心理面で一喜一憂することなく、株式の投信を売るのか、それとも買うのか、お客さまにどうお声かけするのかを判断することが大事なんだけど、それを可能にするのが**「投資メンタルマネジメント」**と**「行動コーチング」**のスキルなんだ。

「投資メンタルマネジメント」と「行動コーチング」ですか？

そう。「**投資メンタルマネジメント**」とは、

・投資分析手法やマーケット動向を理解し、リスク管理も含めた実践的な投信売買方法を習得すること

・加えて、心理・メンタル面の管理、強化など、営業担当者は自身のメンタルコントロールとともに顧客の心理マネジメントも同時に実践できる力を発揮すること

これを投資メンタルマネジメントと呼ぶんだ。

そして最終的にはお客さまの最適な投資行動を導くためのスキルとしての「**行動コーチング**」の実践が大事になる。

先輩、自分なりに噛み砕いて言うと、「**投資メンタルマネジメント**」は、投資における心理面を重視し、マーケットの心理、営業担当者である自分自身の心理、お客さまの心理をしっかり管理・マネジメントしていこうとするスキル。

そして「**行動コーチング**」とは、投資におけるお客さまのニーズを把握し、リスクを低減させながら持続可能な投資リターンを上げるための合理的な方法を営業担当者とお客さまが一緒になって実践していこうとするスキル。

この二つのスキルがあれば、2018年末の日経平均の急落のようなことがあっても、動揺することなく、お客さまに適切なアドバイスができたということですね。

まさにそういうことだね。ではまず、「**投資メンタルマネジメント**」のスキルからみていこう。

はい。

長期的にみると、「アジア通貨危機」や「ITバブル崩壊」「リーマン・ショック」などのように、世界的に株価が急落・暴落するなど、マーケットが大きく振れる時には、**顧客である投資家も営業担当者も市場の動きに翻弄され、一喜一憂し、投資パフォーマンスや営業成績を低下させてしまうケースが多い**んだ。

また、投資の損失や精神的ダメージが大きすぎて、投資の世界から退場してしまう人も多い。

2018年末の株価急落の時も、長期のつもりで投資を始めたにもかかわらず、あまりに短期的な下げが大きく、損失が膨らんだために、「持っている投資信託を全部売ってくれ」というお客さまも多数いらっしゃいました。

長期で保有していれば戻るかもしれないのに、株価下落による心理的なダメージが大きく、また、担当者への不信や、投資一般への不安感が強くなってしまったこともあったんだと思います。

そうだね。**長期的にはファンダメンタルズ価値に戻る場合でも、お客さまは心理的・感情的な要因で、合理的とはいえない投資行動を起こしてしまうこともある。**

そうした場合に、「売るのを待ち、長期で保有しましょう」とか、「長期スタンスで買い増しましょう」とお客さまの投資における合理的な行動を促すことが**「行動コーチング」**なんだ。ただ、その前に、マーケットの変動でどうしていいのかわからないといった、お客さまや営業担当者自身の一喜一憂する気持ちや行為を防いでくれる**「投資メンタルマネジメ**

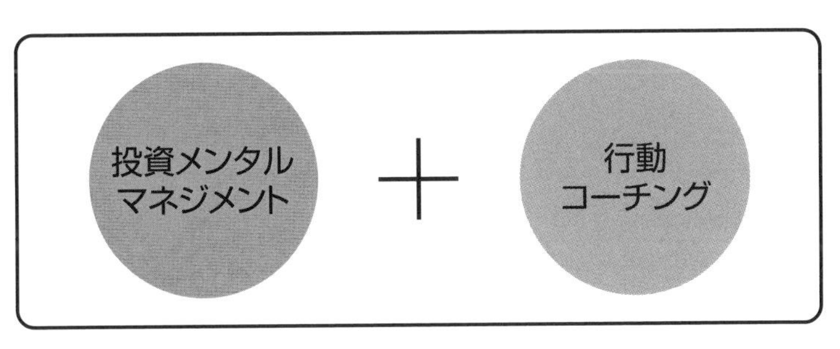

ント」を身につけることが必要なんだ。

たしかに、
「どの投信がいいのか悪いのかの判断の仕方がわからない」
「適切な買い時、売り時がわからない」
「相場の各局面で、どのような資産配分を行っていけばいいのかがわからない」
「一時的に投資でうまくいっても長期的には損をしてしまう」
「マーケットの上下に振り回されて悩んでしまう」
といったお客さまの声をよく聞きますが、お客さまの悩みの前に、営業担当者である自分自身も実は同じことで悩んでいるんですよね。

そうだよね。だからこそ営業担当者は、まず、**市場の動きで一喜一憂しないための投資メンタルマネジメントのスキル**

を身につけることが大事になるんだ。

「投資メンタルマネジメント」のスキル習得のためには3つのステップがあって

①**『投資のスキル』をしっかり身につけるとともに、②『心理（メンタル）』のスキルをうまく統合し、③それを『実践』していく**必要があるんだ。

まずはステップ①の「投資のスキルをしっかり身につける」から学習スタートですね。

そうだね。

2　市場変動を読み解くための「テクニカル分析」の基本を学ぶ

[本店カフェテリアでの講義・続き]

では、投資のスキルについて説明していこう。

投資のスキルには**「投資分析スキル」**と**「投資のリスクマネジメントスキル」**の二つのスキルがある。

そして前者の「投資分析スキル」については、景気や業績動向などから株式の本質的価値をはかろうとする「ファンダメンタルズ分析」と、投資家心理、投資家行動などから市場の変動を掴んでいこうとする「テクニカル分析」の両方を押さえておくことが大事なんだ。

ファンダメンタルズ分析は2日前に教えてもらいましたね。

そうだね。だから今日は、多くの銀行員が苦手とする、市場変動を読み解くための「テクニカル分析」の基本を学んでいこう。

お願いします。

テクニカル分析というのは、株価チャート（株価の時系列の値動きを表す線）など株価データのパターンを分析し、相場の先行きを予測する手法だ。

テクニカル分析は、株価の形成は人の行動、価値観、心理学を反映したすべての市場参加者の集合的な結果であり、そこにはパターンが読み取れるという考え方に基づいていると言われる。

テクニカル分析って、よくネット証券でデイトレーダーなどが使っている短期の分析手法ですよね。我々銀行は、長期投資を前提にした投信販売を行っているわけじゃないですか。テクニカル分析なんて勉強して意味があるんですか？

テクニカル分析は、短期の市場心理の変化をつかむ時に使われることもあれば、中長期の大きな市場変動を読み解く時に使われることもある。

中長期の大きな市場変動を読み解くことは、銀行で長期投資を前提に投信販売を行うにあたっても、欠かせないスキルだ。だから加藤君には、**中長期の市場変動をつかむテクニカル分析の使い方**をメインに理解してほしいと思っている。

テクニカル分析の中長期投資への活用ということですね。

そう。テクニカル分析には、いろいろな種類の分析手法があるんだ。例えば、ボリンジャーバンドとかRSIとかフィボナッチとか…。そうした中で一番広く用いられている分析が**「移動平均線分析」**だ。

移動平均線……。名前だけは聞いたことがあります。

移動平均線というのは、ある一定期間の価格からその平均値を計算し、折れ線グラフなどで表したものなんだが、**価格の傾向や流れなど相場の方向性・トレンドを見ることに使われる指標**なんだ。

例えば、中長期的なトレンドを表すと言われる200日移動平均線は、200営業日の価格を平均したものをつなげた線だ。そうした200日移動平均線を使った**「グランビルの法則」**というものがあるんだけど、聞いたことあるかな？

いえ、勉強不足で申し訳ありません。教えてください。

グランビルの法則というのは、200日線を基本に、上昇トレンド、下降トレンドの中でどのように売買するのかを判断する投資手法なんだ。

このグラフを見てもらえるかな。現値線というのが、その時々の株価だ。

グランビルの法則

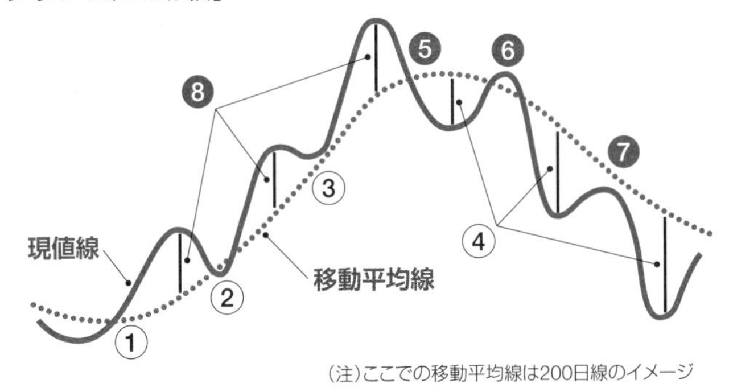

（注）ここでの移動平均線は200日線のイメージ

グランビルの法則によれば、**移動平均線の動きから、4つの買いサインと4つの売りサインを読み取ることができる**。まず、4つの買いサインというのは次のとおりだ（番号はグラフの番号に対応）。

①移動平均線が下落後、横這いになるか上昇しつつある局面で、株価（現値線）が移動平均線を上に突き抜けた場合
②移動平均線が依然として上昇しているのに株価が移動平均

線を下回る場合

③株価が移動平均線の上にあって、株価が移動平均線に向かって下落したものの、交差することなく再び上向きに転じた場合

④移動平均線が下降している場合でも株価が移動平均線と大きくカイリして下落した場合

こうした場合には、中長期的には株価上昇が見込まれ、「買い」ということになる。

一方、4つの売りサインというのは、

⑤移動平均線が上昇後、横這いになるか下落しつつある時、株価が移動平均線を下に突き抜ける場合

⑥移動平均線が依然として下降しているのに、株価が移動平均線を上回る場合

⑦株価が下降する移動平均線の下にあって、移動平均線に向かって上昇し、交差しないで再び下向きに転じる場合

⑧移動平均線が上昇している場合でも株価が移動平均線とかけ離れて大きく上昇した場合

こうした場合は、中長期的に株価は下落トレンドに入ることが見込まれ、「売り」サインとなる。

このように、**日経平均株価の200日線を基準にマーケットを見ていけば、売買の一つの判断基準を得られるから、市場の変動によって右往左往することは少なくなってくるんだ。**

たしかに200日線の傾きが上向きの時の売買の判断、逆

に200日線の傾きが下向きの時の売買の判断がわかりやすく示されていますね。

もちろん、このとおりマーケットが動くとは限らないが、**テクニカル面で売買の一つの判断基準を持ちながら、ファンダメンタルズ分析を組み合わせて市場を見る**だけでも自分の投資判断の軸ができ、マーケットの動きに振り回され、慌てることは減ってくる。つまり、テクニカル分析は、投資における効果的なメンタルマネジメントにつながってくるものでもあるんだ。

明日は（第5章）この移動平均線を使った「グランビルの法則」で日経平均株価の実践的な読み取り方をやってみる予定なので楽しみにしてほしい。

わかりました。実践で使える方法を明日、学べるんですね。楽しみにしてます！

ああ。その前に今日はもう少し、「投資メンタルマネジメント」のスキル習得のステップについて話を続けよう。

3　「心理」のスキルとしての「行動ファイナンス」

[本店カフェテリアでの講義・続き]

先ほど、ステップ1として「投資のスキル」をしっかり身につける、ステップ2として「心理（メンタル）」のスキルをうまく統合していくという話をしたが、このステップ2については、特に**「行動ファイナンス」**のエッセンスを身につけてもらいたいね。

行動ファイナンスですか？　ファイナンスという言葉を聞いただけで実は頭がクラクラするんですが、クラクラしないようにお客さま本位の説明をお願いします（笑）

君はお客さまじゃないだろ。まあ、できるだけわかりやすく説明するよ。

行動ファイナンスというのは、ファイナンスの分野に心理学の概念を取り入れ、実際のマーケットにおける理論と現実のギャップを埋めるため、伝統的なファイナンス理論（ファンダメンタルズ分析）への対立概念として登場した理論なんだ。

要は、心理学的なものを金融の世界に取り込んだ理論ということですね。

そういうことだね。行動ファイナンスによれば、株式市場は非効率であり、**株価はマーケット参加者の感情・バイアス**

に左右され、合理的とは言えない意思決定により、**適正価格を逸脱したモメンタム（勢い）やバブルが生じる**と説明されている。

バイアスって何ですか？

バイアス（bias）とは偏向、先入観といった意味で、これによって投資家は根拠のない思い込みなどから、合理的な行動から外れる投資行動をしてしまうことになる。

バイアスの代表的な例としては、アメリカの行動経済学者であるダニエル・カーネマン等によって実証された「**プロスペクト理論**」がある。上がった株を早く売り、損した株は持ち続けるという投資家の行動の原理を解き明かしたものだ。この理論で、ダニエル・カーネマン等はノーベル経済学賞を受賞した。

また、「**近視眼的損失の回避**」といって、毎日、毎月の価格変化を必要以上に気にしてしまったり、心理的ストレスを軽減するため、他人と同様な投資行動をとったりする「**ハーディング（群れ行動）**」なども投資家によるバイアスの例だね。

行動ファイナンスの本を読むと、その他にもいろいろな投資家のバイアスが書かれているので、ぜひ調べてみるといいよ。

なるほど。「投資家あるある」みたいで面白いですね（笑）。

行動ファイナンス理論は、現代ポートフォリオ理論など伝統的なファイナンス理論の前提となっている「**効率的市場仮**

説」を真っ向から否定する理論と言えるんだ。

前に取り上げたファンダメンタルズ分析は「効率的市場仮説」がベースとなっているからね。

ストップ、ストップ。コウリツテキシジョウカセツ……むずかしくて、やっぱり頭がクラクラしてきました。わかりやすく説明してもらえますか？

わかった。じゃあ、できるだけわかりやすく解説するよ。

すべての情報があらゆる種類の証券価格に瞬時に反映されるという仮説を「効率的市場仮説」と呼び、実はその仮説は、**投資家は合理的で、市場は効率的ということが前提になっているんだ。**

投資家は合理的？　市場は効率的？

そう。少しむずかしくなるけど、ファンダメンタルズ分析のベースとなる効率市場仮説が成り立つケースを考えてみよう。とても大事なところだから…。

寝てしまうかもしれませんが、がんばります！

効率的市場仮説が成り立つ3つのケースをみていこう。

①市場を構成するすべての投資家が合理的である時、合理的な投資家は、証券価格をファンダメンタルズ価値として評価する。証券のファンダメンタルズ価値に関係する新しい情報があると、合理的な投資家はそれに即座に反応し、ファンダメンタルズ価値を調整する。

②非合理的な投資家が存在しても、取引がランダムに行われ、それが相関していないならば、影響は相殺され、価格はファンダメンタルズ価値に収束する。

③非合理的な投資家が存在し、取引が相関していても、市場が完備ならば、つまり、市場が完全に機能し、効率的であるならば、裁定取引によって価格はファンダメンタルズ価値に収束する。

本当に寝そうです（笑）

わかった。一つずつかみくだいて見ていこう。

①に関して言うと、効率的市場仮説が成り立つ条件として、すべての投資家が合理的であるとしているけど、そう考えるのは非現実的だよね。加藤君自身が市場に一喜一憂し、投資について合理的に判断できていない状況を考えると、成り立つ前提に無理があることは周知のとおりだよね。

ということは株価が仮に大きく上下した後、即座にファンダメンタルズ価値に戻るように売り買いする合理的な投資家ばかりではないので、その場合、必ずしもファンダメンタルズ分析が機能するとは限らないよね。

先輩のおっしゃるとおりです。僕自身、合理的な投資家にほど遠いような気がします（笑）。

②に関しては、ファンダメンタルズ分析においては、一見ランダムに見える株価の中にもトレンドが発生していると誤

解して判断する投資家は非合理的（例えば、ノイズトレーダー）だととらえているんだ。

合理的な投資家がそういったノイズトレーダーによる間違った動きを修正してくれると想定しているのだけど、逆にそういうノイズトレーダーととられがちなトレンドを重視する投資家が多数いることで、市場への影響力が高まり、強いトレンドが発生する可能性もある。

そうした場合は必ずしもファンダメンタルズ価値に戻らないケースもあるということだ。

ファンダメンタルズ分析を活用しない投資家や、相場の局面によってファンダメンタルズ分析を用いない投資家が増えれば、ノイズトレーダーとしてみなされる投資家の動きが強まり、ファンダメンタルズ価値に戻らない動きも十分に想定されるかもしれませんね。

意外にわかってるじゃないか（笑）。

次世代のエースですから（笑）。

③に関しては、裁定取引が制約なく行われることが、伝統的ファイナンス理論が主張する効率的市場仮説が成立するための必要条件となっている。

ただ実際は、裁定取引には流動性などのリスクがあり、コストもかかるという点で制約が存在するため、ファンダメンタルズ価値に戻っていかない可能性があるんだ。

裁定取引については、先輩が以前講師を務めた研修の時のテキストを見てみると、同じ価値の商品に一時的な価格の歪

みが生じた場合に、割高な商品を売って、割安な商品を買い、両者の価格差が縮小した段階でそれぞれの反対売買を行うことにより利益を獲得しようとする取引と書いてありますね。

例えば、日本のマクドナルドでハンバーガーを1個買うのと、米国のマクドナルドでハンバーガーを1個買うのでは、為替レートの要因を除いたとしても、輸入、輸出費用がかかったり、税金がかかったりするので、必ずしも日米で同じ値段としてのファンダメンタルズ価値にならないということですかね？

加藤君、すばらしい。わからなければ、すぐ本に戻って復習する。そして身近なわかりやすい例で考えること。それがエースへの近道だね。

えっへん。

伝統的ファイナンス理論では、テクニカル分析を否定しているんだけど、さっきみたように、**そもそも効率的市場仮説が成り立っているかどうかも怪しい中では、ファンダメンタルズ分析を信奉することもできないし、テクニカル分析を否定することもできない。**

例えば、ファンダメンタルズ分析の人たちが、テクニカル分析を活用する人たちをノイズトレーダーとみなしていた場合でも、さまざまな市場の局面や制約などでノイズトレーダーがマーケットを動かすことは大いにありうることなんだ。

また、行動ファイナンス理論は、投資家はすべて合理的な判断を下すことは難しいとの見方をとっており、その場合、短期でファンダメンタルズ価値に必ずしも戻るわけでもなく、逆にファンダメンタルズ価値から大きく離れてしまう可能性もあると直接・間接的に教えてくれているんだ。

上司からは、投信販売のためには長期のファンダメンタルズ分析だけしっかり勉強していればいいんだ、中長期的に本質的価値に戻るからと教えられていたので、だいぶ混乱してきました。一体、私は何を信じたらいいでしょうか？

銀行には、マーケットの変動を捉えようとするテクニカル分析や行動ファイナンスに否定的な考えの人が多いんだよね。結論から言えば、私は、**どれも信じてはいけない**と思っている（笑）。

え～、先輩、何を言っているんですか？　それじゃあ、先輩の言うことも信じられないことになりますよ。

どれも信じてはいけないといったのは、どの手法も完璧に市場を説明し、予測することができるわけではないということなんだ。

どの期間で活用するかで結果が違うし、その手法が効く局面と効かない局面もある。だからこそ、さまざまな投資の軸を持ちながら、総合的に判断していくことが大事なんだ。

マーケットで何か一つの手法を信奉してしまうということは心理的に楽である反面、行動ファイナンスの話で説明したように、自分自身がその手法を過度に信じすぎてしまうことで思い込み・バイアスがかかっている可能性もある。

だからこそ、**多面的な物差しを持って自分自身およびマーケットを冷静に客観的にみることができるようにしておくことが必要**なんだ。

いや〜、なかなか難しいですね。マーケットを読み解く万能・魔法の解決方法を楽に身につけたいと思っていたんですが…。そう簡単ではなさそうですね。

それがマーケットにたずさわるものの宿命というものなんだ。だからこそ、理論・モデルがしっかりしていて納得が得られやすいファンダメンタルズ分析をしっかり押さえつつも、それを信奉することなく、**市場がなぜ変動して、またなぜファンダメンタルズの理論どおりにいかない局面があるのかもつかむ**必要がある。

そのためにはしっかりテクニカル分析や行動ファイナンス理論も勉強してもらいたいんだ。

わかりました。「人の一生は重荷を負うて遠き道を行くがごとし。急ぐべからず」。人生は長く、苦しいことが多いので、辛抱強く努力を重ねて進むべきである。まさに徳川家康の心境です。

そういうことだけはスラスラ出てくるところが、また加藤君らしいんだけどね（笑）。

それって褒め言葉ですか（笑）。

そういうことにしておくよ。自分の都合の良いバイアスを持つことは人生を楽にしてくれるかもね（笑）。

4　中長期の投資における リスク管理の方法を知る

［本店カフェテリアでの講義・続き］

説明を続けよう。次は**「投資におけるリスク管理力」**だ。これが「投資の分析手法」とともに大切になる。

リスク管理力ですか？

そう。リスク管理力というのは、例えば、マーケットの変動に対して一喜一憂しないように、分散ポートフォリオを構築して、リスクを低減させたり、中長期のテクニカル分析を使ってロスカット（損切：ここではダウンサイドリスクを低減するための行動のこと）ルールを導入し、ここを割ってきたら売る（ポジションを縮小する、リバランスを行う）などリスク管理のルールを導入することをいう。

ここでは少し、中長期のテクニカル分析を活用したリスク管理のアイデアを教えよう。

お願いします。

テクニカル分析には、チャートパターンによって買いトレンド、売りトレンドが発生しやすい売買ポイントがあるんだ。

例えば、保ち合いと呼ばれる下値切り上げ型の三角形のパターンである「アセンディングトライアングル」（次ページの図表左）の上値抵抗線を上に突破してきたら買い、逆に上値切り下げ型のチャートパターンである「ディセンディングトライアングル」（下の図表右）の下値支持線を下に切ってきたら売りなどのサインがあり、例えば、ディセンディングトライアングルで下に切った時点で売却・ポジション縮小というのもリスク管理の一つのルールになるだろうね。

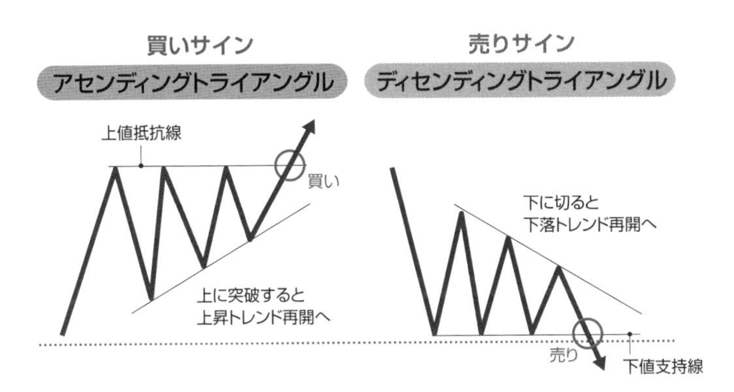

その他にもペナント型、フラッグ型、ウェッジ型などがあり、そうしたチャートパターンを活用していくのも一つのリスク管理手法として大事になってくる。

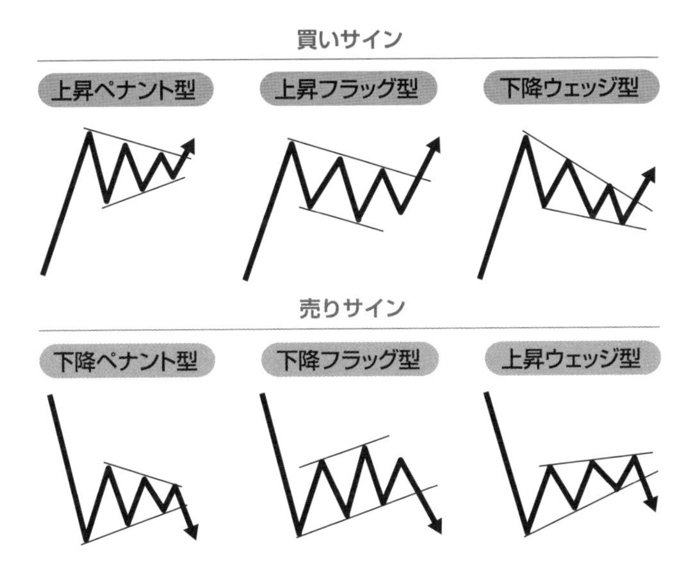

ペナント型とかフラッグ型とかウェッジ型とか、その呼び名はやはり、それぞれのチャートの形から来ているんですか。

そうだね。ペナント型はまさに三角形の旗のような形だろ。フラッグ型は平行四辺形の旗の形。ウェッジ型は、ゴルフクラブのウェッジの形に似ているから、そう呼ばれているんだ。

僕の知らない金融知識はまだまだたくさんあるわけですね。

そうだね。**特に中長期の投信のリスク管理においては、短期のテクニカル分析ではなく、中長期のテクニカル分析を活用し、時間軸をあわせることが大事になる**よ。

そうなんですね。では、短期と中長期でテクニカル分析の活用の仕方を変えるには具体的にどうしたらいいのですか？

例えば、**短期のテクニカルでは日次のデータ、中長期のテクニカルでは日次でも少し長めの200日線などのデータや、週次および月次のデータを活用してみていく**といいんだ。

チャートパターンを例にすれば、日次のデータでは、「毎日」の価格の推移をつなげた線、週次のデータでは、「毎週」の価格の推移をつなげた線、月次のデータでは、「毎月」の価格の推移をつなげた線でそれぞれ異なるチャートパターン（買い、売りサイン）が出ることがある。

中長期投資の投信営業を基本とする場合、仮に短期の日次では、先に説明したアセンディングトライアングルの買いサインが出ていたとしても、週次もしくは月次では逆にディセンディングトライアングルの売りサインが出ていた場合には、週次、月次の中長期の時間軸にあわせた売買サイン（売りサイン）を活用することが大事になってくるだろう。

短期のテクニカルで買いサインだったとしても、中長期のテクニカルで売りサインだった場合には、中長期の投信営業では短期で飛びつくのではなく、少し注意しながら提案していく必要があるということですね。

そういうことだね。短期のテクニカルで買いサインだからといって、そのまま投信を買いにいったとしよう。

仮に数日間～数週間、短期のテクニカル分析が機能し、基準価額がうまく上昇したとしても、市場が中長期のテクニカルの売りサインを反映して、数ヵ月～数年単位では基準価額が買った時よりも大きく値下がりしていることも考えられる。

そうした点を踏まえれば、**テクニカル分析を活用する場合は、投信の中長期投資の特性を踏まえ、時間軸をあわせて、短期ではなく中長期のテクニカル分析を主に活用してほしいんだ。**

わかりました！

あとはテクニカル分析の活用に加え、自分やお客さまの感情・期待を管理するための「メンタルコントロール力」と「行動コーチング力」も必要になる。続きは明日話すことにしよう。

ありがとうございます。明日の講義もよろしくお願いします。

第5章

「投資メンタルマネジメント」と「行動コーチング」を学ぶ

本章で取り上げるテーマは…

市場が調整局面に入ったり、暴落したような場合、どういった視点で市場を判断し、どのように顧客対応をすればいいのか。本章では、そのカギとなる「投資メンタルマネジメント」と「行動コーチング」について学ぶ。

1　市場が有事のときこそ力を発揮する「投資メンタルマネジメント」

金曜日：勉強会第5日目（前半）

［17時30分・本店カフェテリア］

あっという間に週末の金曜日となりましたね。居酒屋に直行しましょう。

おいおい、まだ早いよ（笑）。これからする話がしっかり理解できたら、その時はおいしいビールをごちそうしよう。

ビールが頭に浮かんで離れない…。いやいや、今日は一番大事なところ。邪念を振り払わなくては…。

「投資メンタルマネジメント」と「行動コーチング」の実践編のご教示、どうぞよろしくお願いします。

了解。いつものように昨日の復習をしてから始めよう。昨日の話のポイントは次のとおりだ。

①投信の営業担当者には、自身のメンタルコントロールとお客さまの心理マネジメントを実践する「投資メンタルマネジメント」のスキルが必要なこと
②お客さまを最適な投資行動に導くには「行動コーチング」の実践が大事
③そのためにも、ファンダメンタルズ分析とともにテクニカル分析と行動ファイナンスを学び、リスク管理も

含めて市場で実践していくことが求められる

はい。しっかり頭に入っています。

「投資メンタルマネジメント」と「行動コーチング」のスキルというのは、市場が右肩上がりでわかりやすい相場のときは、あってもなくてもあまり投資の成果の違いにはつながってこない。だが、**相場が転換点を迎え、株式が調整局面になった時や右肩下がりになった時には、特に威力を発揮するスキル**なんだ。

つまり、平時の市場の動きよりも、特に有事の市場の動きに対して、「投資メンタルマネジメント」や「行動コーチング力」は生きてくるということですね。

そういうことだね。長期の資産運用・資産形成が求められる中、市場は必ずしも平穏な右肩上がりの「平時」の相場ばかりではない。長く投資を行っていると、より規模の大きい下落局面である「有事」に遭遇することもある。

AIやフィンテックが普及し、かつ、お客さま本位の営業姿勢が求められる中で、**平時と有事をしっかり見極められるかどうか、また、有事になった時にも慌てず、お客さまにしっかり対応できるかどうかで、営業担当者の長期的な投資アドバイスの優劣や、お客さまからの信頼度の高さが決まるようになると言えるだろう。**

そのためには、「投資メンタルマネジメント」や「行動コーチング力」が必要になるということだ。

ということは、このスキルをいかに身につけられるかが、僕が次世代の営業担当者のエースになれるかどうかの勝負の分かれ目ということですね。

そう考えているよ。例えば、マーケット環境が良く、投資信託の基準価額が順調に上がっている時、そのお客さまから電話がかかってきたとしよう。そして、例えば次のようなことを言われたとする。

「今日も株価が上がっているけど、早く買わないと乗り遅れるんじゃないの？」
「他の人はみんな儲かっているのに、あなたがすすめた投資信託は上昇が弱いわね」
「分散なんて必要ないわよ。上がっているものに集中投資したほうが儲かるわ」
「全部の資金を、上昇基調の強い米国のハイテク株の投信に入れようと思っているんだ」

こうしたお客さまの声に対し、営業担当者としてどう対応することが適切か？　それが投資メンタルマネジメントであり、行動コーチングを踏まえた対応なんだ。

逆にマーケット環境が悪く、お客さまが持っている投資信託の基準価額が下落し、電話がかかってきた。

「買ったときの値段からこんなに下がっている。どうしてくれるの？」
「あなたが買えと言ったから買ったのに」
「今後は買ったらいいの？　売ったらいいの？　それと

も見送ったらいいの？」
「相場は下落相場に転換したみたいじゃない。ここで押し目買いを入れていいの？」
「何を買ったら挽回できるの？」
「もう怖くなった。全部売りたい」…

うわ～。2018年9月までの上げ相場と2018年末までの下げ相場で、そういった言葉を全部お客さまからもらいました。

そうだろうね。だが、そうした経験をしてきたからこそ、加藤君も今、問題意識をもって、新しい知識を吸収しようという意欲が出てきているんじゃないのかな。

たしかにそうですね。辛かった経験を前向きに捉えて、しっかりと知識を身につけていきたいと思います！

いままでの話を整理すると、ステップ1として必要になるのは、**投資分析手法の理解として「ファンダメンタルズ分析」と「テクニカル分析」をしっかり身につけ、リスク管理力も含めて投資の軸を構築すること**。

そのうえでステップ2として、心理的な側面を投資で考慮するために**「行動ファイナンス」の理解を深める**ことだったね。自分が陥りやすいバイアスに気をつけながら市場の動きに一喜一憂しない力を営業担当者自身が身につけるということだ。

そして、ステップ3として、ステップ1、ステップ2で身につけた営業担当者の「投資メンタルマネジメント」の力をお客さまの心理面でのマネジメントに活かしつつ、**最終的にはお客さまの合理的な投資行動につなげていく「行動コーチング」を行う**。

こうしたステップを踏んだ「投資メンタルマネジメント」と「行動コーチング」の実践こそが、市場変動に一喜一憂することなく、持続可能な投資の成果につなげられる可能性が高い。そしてそれが、最終的には会社や営業担当者の収益と、お客さまの損益を両方高めるWin－Win－Winの構築につながってくる。

これこそが、次世代の対面営業スタイルになってくると思うんだ。

実際、米国におけるお客さま本位の営業サービスでも、投資アドバイスの対価における付加価値として「顧客の投資行動および期待管理」が大事だということが言われている。

自分自身と顧客の投資行動および期待管理は、まさに今まで言ってきた「投資メンタルマネジメント」と「行動コーチング」のエッセンスを示していると言えるだろうね。

先輩、次世代のエースを目指すには、「投資メンタルマネジメント」と「行動コーチング」がいかに大事かがわかりました。

そうだね。大切なことは、会社・営業担当者・お客さまの利益・収益を高めるWin－Win－Win戦略だ。つまり、会社も儲かって、営業担当者も営業成績を上げることができ、やりがいを持つこともできる。お客さまにも満足してもらえる。そんな**「持続可能な顧客本位のビジネスモデル」を確立すること**がこれからの投信の営業現場に求められているんだ。

ここまで述べてきた**3つのスキルを統合した「投資メンタルマネジメント」と「行動コーチング」を高いレベルで実践し、そうした「持続可能な顧客本位のビジネスモデル」を実**

現できる担当者がプロフェッショナルな営業担当者といえるだろうね。

もし「持続可能な顧客本位のビジネス」が確立できたら、自分の仕事に誇りを持ってしっかりと取り組んでいけそうですね。

そうだね。顧客本位の姿勢は、顧客満足度を高めるだけでなく、従業員満足度の向上を通じて、営業担当者としてのやりがいにつながってくる。それを成し遂げるためにも、投資メンタルマネジメントと行動コーチング力を理解し、そして営業の現場で活用できるようにするんだ。

要は実践力ですね！

そのとおり。本当の顧客本位の姿勢であるフィデューシャリー・デューティーのもと、お客さまが利益を上げることはもちろん、会社の収益にも貢献していくためには、**しっかりとマーケットを分析したうえで、市場に一喜一憂することなく、自身およびお客様の期待など心理面を管理していくことだ。**

そして適切な手数料をいただきながら、中長期のお客さまの利益につながる合理的な投資行動を促していく実践力がなければならないということだろうね。

はい。わかりました。

2　投資メンタルマネジメントと行動コーチングの現場での実践

[本店カフェテリアでの講義・続き]

投資メンタルマネジメントと行動コーチングの重要性についてはよくわかりましたが、それを投信営業の現場で実践するには、具体的にどういう対応が考えられますか？

例えば、2018年9月の日本株式市場を思い浮かべてほしい。市場の大半の投資家は、年末にかけてまだまだ上がると予想していた。年末にかけて2万6,000円～2万8,000円へ上昇するという声は多かったと思う。実際、市場は途中まで勢いよく駆け上がり、2万4,000円を突破する動きになった。

しかし、ファンダメンタルズ分析やテクニカル分析、行動ファイナンスなど総合的な分析の結果は、まだまだ上がるという予測が間違っている可能性も示していた。

そういう局面では、お客さまの儲けたいといったはやる気持ちを抑え、投資行動にブレーキをかけなければいけなかったのかもしれない。

それが一時的にお客さまから得られる手数料を減少させることになったとしても、先行き、崖が待ちかまえており、お客さまの損失拡大につながるリスクが高いと思えるのであれば、やはりブレーキをかける選択肢も用意すべきだったのではないか。

逆に株価が急落している場面、例えば、2018年12月においては、お客さまの不安や資産が下げ止まらない恐怖の気持ちを受け止めつつ、分析結果から、その後株価が回復する見通しを持てるのであれば、下値では積極果敢に買い提案や、投げ売りを抑える提案を行う必要があったのかもしれない。

その結果、一時的にお客さまの損失が拡大したとしても、**中長期的にお客様の利益につながるのであれば、最終的にお客さまの利益拡大と会社および営業担当者の収益の拡大につながるWin－Win－Win戦略になる。それを実現するのが「投資メンタルマネジメント」であり「行動コーチング」ということだ。**

うーん。口では簡単に言えますが、それってなかなか難しいですよ。

2018年9月といえば、市場の大半の投資家が、年末にかけて株価はまだまだ上がると予想していたわけですよね。そんなところでお客さまの気持ちにブレーキをかけたら、お客さま自身から「お前はバカか、上がったらどうするんだ、責任とれるのか？」と言われ、実際、見通しを外したらお客さまからの信頼をなくし、ぼろくそに言われますよ。

さらに、支店のノルマも達成できずに、会社からも支店からもぼろくそに言われます。白い眼で見られ、出世もできなくなる…。

そう考えたら、やっぱりみんなと同じ行動をとりますよ。今のお客さまの気持ちに寄り添って市場についていき、そして手数料も上げ、ノルマも達成。何一つ問題ないじゃないですか。

心理的ストレスを軽減するため、他人と同様な投資行動をとってしまう「ハーディング（群れ行動）」については、行動ファイナンスの説明をしたときに話したよね。

げっ！　ここでさっき教わった行動ファイナンスが生きてくるんですか？

そういうことだ（笑）。株価が上昇している局面では、お客さま、会社、営業担当者の利益・利害は一致しているからね。

そうした局面では、特に投資メンタルマネジメントや行動コーチングを実践しなくても、一見、何も問題がないように見えるかもしれない。むしろ、**投資メンタルマネジメントや行動コーチングを実践し、お客さまの投資行動にブレーキをかけてしまうことで、短期的にはお客さま、会社、営業担当者にとってマイナスになってしまうかもしない。**

そうなんですよ。

ただ、市場がその先、崩れた場合はどうだろう。お客さまは大きな損失を抱え、また会社、営業担当者の収益やノルマ達成率はボロボロになる。みんな総崩れになるよね。

市場が崩れ、お客さまの損益がボロボロの中でも、会社、営業担当者の収益を上げるためにさらなる投信の回転売買で状況を乗り切ろうとしていたのが今までの金融機関のビジネスのやり方で、それが「会社重視・顧客軽視」と批判されていたわけだ。

しかし、フィデューシャリー・デューティーとして顧客本位が真に求められる中では、こうしたビジネスモデルは次の

間もなくピークと感じていても、なかなかお客さまに
ブレーキをかけられないというのはよくある話…。

時代では通用せず、淘汰されてしまう可能性があるだろう。

たしかにそうですね。

もし今、マーケットが高い崖に登っている最中で、もう少しでひょっとしたらピークをつける可能性があるかもしれないとわかるかどうか…。

仮にピンポイントでわからなくても、ピークに近づいているといった感覚が持てなければ、それは投資の分析力不足なのかもしれないね。

だからこそ、そこを**中長期のファンダメンタルズ分析とテクニカル分析などを駆使して、しっかりと自分の頭で考え、その兆候をつかんでいかなければいけないということ**なんだ。

あと、もし仮に高い崖に登っていて、間もなくピークだと投資分析スキルを磨いて感じることができた場合でも、実際は「頭でわかっていても実践できない」ということがあるかもしれない。

そうしたことを防ぐためには、行動ファイナンスで学んだバイアスを意識しながら、**ロスカット（ポジションの縮小やダウンサイドリスクの軽減など）などリスク管理手法の実践に加え、自身のメンタルやお客さまの期待・行動管理などについて、投資のメンタルマネジメント、行動コーチングを実践していかなければならない**ということだ。

今までの先輩の話で、なんとなくですがイメージが湧いてきました。

加藤君がさっき言ったように、お客さまにも会社や支店にもぼろくそに言われるかもしれないということは、営業担当者自身、心理的ストレスを感じる可能性がある局面ってことだよね。

行動ファイナンスのバイアスの例としても取りあげたように、**仮に市場がその先、崩れるかもしれないと思っていたとしても、心理的ストレスを軽減するため、人は他人と同様な投資行動をとったりしがち**なんだ。

そして、みんなが楽観的に同じ行動をした行き着く先では、得てして暴落局面に遭遇し、お客さまも営業担当者も会社もぼろぼろになってしまう可能性もまたあるということなんだ。

う〜ん。なかなか難しいですね〜。投資の分析能力が低くて予想を外してしまう以外に、心理的ストレスを避けるために顧客本位ではない、自分本位・会社本位の営業をしてしま

うことで起こる悲劇もあるということですよね。

学校の勉強と違って、マーケットに100%正解はない。当たるか、当たらないか、ひょっとしたら2分の1なのかもしれない。だったら先行きが崖かどうかを考えずに強気で攻めたほうが手数料も上がり、仮に市場が暴落しなければ弱気と責められることもなく万事うまくいく。

そういった**営業担当者の心理が働きやすい局面で、自分自身を客観的に見ることができるか。まさにこれが投資メンタルマネジメントの実践ということですね。**

そうだね。そしてそうしたことを営業担当者本人がしっかり自覚し、会社本位や自分本位ではなく、最終的にお客さまの側に立って中長期的に合理的な投資行動を促し、実践できるようになることが、顧客本位の営業を行う上で非常に大事な点なんだ。

これが真の行動コーチングの実践ということになるというわけだ。

3　たとえ正しくても、お客さまの意に反した提案は顧客本位ではない？

[本店カフェテリアでの講義・続き]

　では、少し話を進めよう。

　先ほどの話にもあったように、投信の営業担当者には、日々さまざまな心理的プレッシャーがかかるものだ。その中で、投資メンタルマネジメントや行動コーチングを行うには、そうしたプレッシャーにしっかり対処していく必要がある。

　投信の営業担当者にも、鋼（はがね）のメンタルが必要ということなんですかね。だとしたら、僕には無理かも…。自慢じゃないですが、僕って、プレッシャーに弱いんですよね（涙）。

　そうは見えないけどね（笑）。

　メンタルは鍛えればいいとは思うけど、ここでいうプレッシャーへの対処というのは、まっすぐにすべてを受け止めては返す心の強さを言っているわけではない。

　プレッシャーがあっても、心理的ストレスを極力感じずに、または感じたとしても、そのストレスをうまく軽減しながら、先に話をした例のように、多くの人が株価はまだ上がると思っている中でお客さまに売り提案をおこなったり、買い付けを保留できるようにするということだ。

　それにはどうしたらいいと思う？

　う〜ん、そうですね。日常の投資判断やお客さまとのやり

とりで失敗も成功も何度も繰り返しながら自分自身に対処する自信・信頼をつけ、メンタルを少しずつ強化していく。そういうことじゃないですか。

また、それと同時に、自分自身の心理的なストレスを軽減する方法をたくさん知っているといいかもしれないですね。

それはいいアイデアだね。

例えば、**日々、投資に向き合う過程で、自分自身がマーケットの分析精度を高める、もしくはマーケット分析の精度が高い人のレポートなどを活用し、市場を適切に判断していく力をつける。**そうすればマーケット分析の精度が上がり、損することが少なくなり、心理的なストレスが軽減するだろう。

そのほかには何かあるだろうか？

そうですね〜。運動や休息、睡眠をしっかりとるなどの生活習慣や、趣味、音楽など自分自身がリラックスできる方法を身につける。

あとは、上司、同僚、メンター、コーチ、カウンセラーなどと足元の状況・悩みなどを共有することができると心理的ストレスを軽減することができるかもしれませんね。

うんうん、その他には何かあるかな？

そのほかには…。そうですね、もし会社から与えられるノルマがない場合や、ある場合もそれが日次や月次単位でなく、四半期など少し長めのノルマだったら、余分な心理的プレッシャーを感じず、お客さまのことを優先しながら、営業を行うことができるかもしれません。

例えば、株式市場に不穏な空気が流れていた場合、ノルマを気にせず、まずは保有投信の売りを実施して、しばらく様子見をした後、大きく下がったところで買い付けを行うことで、手数料も稼ぎながら、お客さまの損益も改善できるかもしれません。

また、株式投信を売却したあと、再度買い付けするタイミングを計るのではなく、リスクヘッジの金や安定的な債券型の投信への配分を増やすことも一つの方法になるでしょうね。

いい案だね。あとはあるかな？

会社自身が、お客さまの損益を営業担当者の評価にしてくれるといいかもしれません。

お客さまが儲かろうが損しようが関係なしに、手数料がどれくらい上がったかで我々の評価が決まるのでなく、お客さまがどれくらい儲かったかで営業担当者の評価をしてくれると、勇気をもって売り提案をしたり、もしくは買い付けに待ったをかけることができるかもしれません。

それもいいね。あとは…？

お客さまの立場に立って、売り提案をしたり、買い付けに待ったをかけたりしたけれど、相場はさらに上がったとします。そうした場合、相場の上昇はとれなかったけど、お客さまが、自分の中長期的な資産のことを考えて行動してくれた営業担当者の姿勢に対し、経済的満足度ではなく、心理的満足度という形で評価してくれたらいいですよね。

加えて、会社もそれを営業担当者の評価として捉えてくれたら、間違うリスクも踏まえたうえで、売り提案を行ったり、買い付けに待ったをかけることができるかもしれません。

会社が営業担当者に与えるノルマのあり方や、その評価の仕方によって、担当者の心理的ストレスは随分軽減されそうだね。

そう思います。

ここで質問。お客さまから、マーケットは好調だから強気でいけばいいんだ、と言われたら、そこで売り提案をしたり、買い付けを保留することは難しいかな？

難しいですね。

そうした場合、無理に投資を止める必要はあるのかないのか、顧客本位の観点からはどう考えたらいいんだろう？

今までの話でいくなら、先行きに崖があると思ったら、お客さまのために売りましょう、または買いを見送りましょうと、自分を信じて、自信を持って強気で言うべきなのではないでしょうか。

本当にそれでいいの？

え、違うんですか？　お客さまの期待管理を行ったり、お客さまに適切な行動を促すことは、投資メンタルマネジメントや行動コーチングに沿った顧客本位の営業ではないんですか？

それが**最終的に顧客本位の姿勢になるためには、最後はお客さまの思いの実現と納得感も考えなければいけない**と思うんだ。

思いの実現と納得感ですか？

そう。お客さまの相場の考え方と、営業担当者の相場の考え方が違った場合、お客さまの中には、仮に自分の考えが間違っている可能性が高いとしても、最終的に自分自身の見方で相場に臨みたいと考える方もいる。

そうしたお客さまに無理に自分の考えを押し付けるのは、本当の顧客本位の姿勢ではないと思うよ。

結果的に営業担当者の相場観が当たったとしてもですか？

そうだね。お客さまの満足度というのは、決して損得といった経済的満足度だけではない。営業担当者が自分の考え方や判断の仕方を尊重してくれたとか、自分では気づかなかった有用な意見やアドバイスをもらえたといったことに対する、心理的満足度もあるんだ。

お客さまの話をしっかり聞き、お客さまが経済的満足度、心理的満足度をそれぞれどのくらい重視しているのかを判断する。そのうえで、**お客さまと自分の意見の違いを比べ、そしてそれぞれのシナリオに沿った場合、またその逆のシナリオに従った場合、それぞれどのようなリスクがあるのかをしっかり伝え、両者を“見える化”した上で、最終的にお客さまに意思決定をしてもらうこと**が大切なんだ。

そうしたことでお客さまの思いの実現と納得感を得ること

ができる。それが営業担当者に対する長期の信頼につながっていくんだ。

そういう点では、お客さまによっては、はじめから行動コーチングを必要としている人もいれば、信頼関係を積み重ねた後に行動コーチングを受け入れてくれる人もいるだろうね。

さまざまなお客さまの考え方、特性を尊重した対応を行うことが、真の顧客本位の姿勢になってくると言えるだろうね。

経済的満足度と心理的満足度の区別も含め、お客さまが一体何を重視しているのかを掴んだうえで、それぞれのお客さまにあったやり方で投資メンタルマネジメントや行動コーチングを実践することが、長期的な信頼を得ながら顧客本位の営業を実践する大事なポイントなんですね。

120点の回答だね。

最後に、投資メンタルマネジメントと行動コーチングを用いた顧客本位の営業の実践例を、2018年と2019年の日本株（2018年10月までの急騰と2018年末にかけての暴落、および2019年にかけてのリバウンド〈反発〉の動き）の相場を事例にとって見てみよう。

ぜひぜひお願いします。

第6章

事例から学ぶ
顧客本位の営業の
実践ノウハウ

本章で取り上げるテーマは…

本章では、2018年～2019年の日本株市場を例に、ここまで学んできた投資分析の知識や、投資メンタルマネジメント・行動コーチングのノウハウを使って、どのように顧客本位の投信営業を実践したらいいかを見ていく。

1　2018年後半から2019年末にかけての株式変動への対応の失敗から学ぶ

金曜日：勉強会第5日目（後半）

[17時30分・本店カフェテリア]

では、投資メンタルマネジメントと行動コーチングを用いた顧客本位の営業の実践例を、目まぐるしく上下に振れた2018年9月から2019年末まで日本株の動きを材料にして見ていくことにしよう。

いよいよ、最後の仕上げですね。ぜひよろしくお願いします！

当時のことを振り返ってみると、2018年、日経平均株価は9月に上昇基調を強め、10月2日に約27年ぶりの高値（2万4,500円程度）をつけたが（次ページのグラフの局面①）、その後、年末にかけて急落の動きとなった。

市場には、業績やPERなどのファンダメンタルズ分析を材料に、年末に向けて2万6,000円〜2万8,000円を目指すという強気な声があふれていたが、結局はそれが外れる形で暴落したわけだ。

12月26日には一時1万9,000円割れの展開になったが（局面②）、2019年に入ると、令和への改元に向けて4月まで急速なリバウンドの動きになった（局面③）。

その後はそこから再び下落トレンドを強める動きとなり、2019年6月、8月には再度、2万円割れをうかがう動きとなったわけだ（局面④）。そしてそこから12月にかけて急速に戻りを試し、2019年12月には終値で一時、2万4,000円台を回復した（局面⑤）。

こうした一連の動きは、加藤君の記憶にも新しいところだろう。投信の基準価額も、こうした株式相場の上下に呼応して大きく振れた形となったからね。

〈日経平均・日足〉

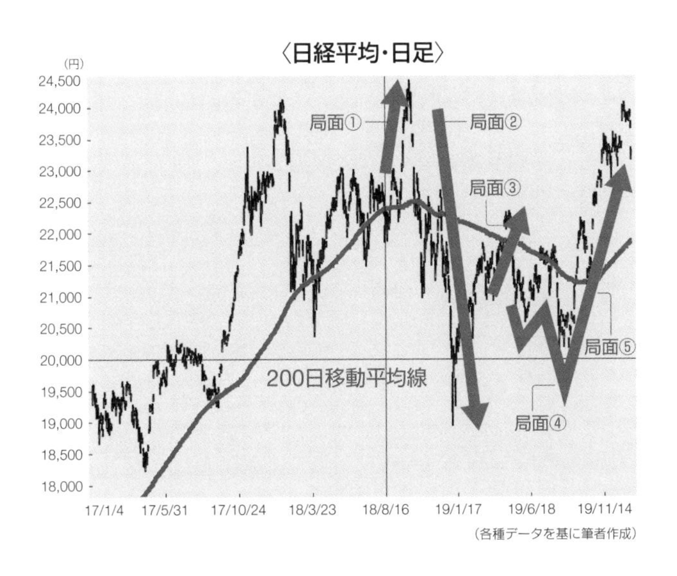

（各種データを基に筆者作成）

いや〜。いま考えても、辛い思い出ですね。

2018年は、証券会社や投信会社のレポートでも、日本株（日経平均株価）の業績予想は過去最高レベルのEPS（一株当たりの純利益）になっており、業績トレンドは良好とされていました。

アベノミクス以降の平均PER（株価収益率）は15倍程度と言われていましたから、PERでみると現在は割安だというセールストークを使って、2018年9月にかけて日本株の投信を積極的に販売したものです。

さらには、10月にピークをつけたあとの調整場面でも積極的に販売していました。

　ファンダメンタルズ面で割安感が強く、今後も上昇が期待できるというのが、セールストークだったわけだね。

　そうです。ここに、僕が当時お客さまに示していた、なまなましい提案資料があります。

当時の提案資料

今期予想EPS　1,783.48円
2018/11/26時点

日経平均　21,812.00円
予想PER　12.23倍

	直近値から					
	10%減	5%減	横ばい	5%増	10%増	15%増
今期のEPS	1,605	1,694	1,783	1,872	1,961	2,051
今期のPER 12倍	19,260	20,328	21,396	22,464	23,532	24,612
今期のPER 13倍	20,865	22,022	23,179	24,336	25,493	26,663
今期のPER 14倍	22,470	23,716	24,962	26,208	27,454	28,714
今期のPER 15倍	24,075	25,410	26,745	28,080	29,415	30,765
今期のPER 16倍	25,680	27,104	28,528	29,952	31,376	32,816

出所：ブルームバーグを基に東海東京調査センター作成、小数点以下切捨て（円）

	PER(倍)	日付	※理論株価(円)
最大	23.41	2013/4/25	41,751
最小	12.13	2018/11/21	21,634
平均	15.20	2013年初以降	27,106

※今期予想EPSをベースとした理論株価
（PER最大、最小、平均は2013年以降のデータを活用）

　ちょうど2018年11月26日時点のものです。2018年10月2日に2万4,500円程度をつけた後、まさに株価が大きく調整した時ですね。

「予想EPSが約1,780円、アベノミクス以降の平均PERが15倍程度なので、理論株価は概ね2万6,000円を超えています。今、予想PERが12倍台で2万2,000円を割り込んだ日本株は非常に割安と見られます。よって、日本株の投資信託に投資することは長期の視点で魅力的だと考えます」っといった感じで提案していました。

ところが、株価はその後、さらに調整色を強めていった。

そうなんです。最初は何がなんだか訳がわからないまま、不安顔のお客さまに対し、

「下げは一時的でしょう。年末に向け、再び勢いを取り戻してくるはずです」

「PERは割安ですし、業績も過去最高レベルなので、下げたところは買い、もしくは継続保有をしましょう」

「市場はすぐに落ち着きを取り戻すと思います」

などと伝えていました。

しかし、株価は下げ止まらず、とうとう2018年年末にかけ2万円を割る展開になったわけだ。

そういうことです。何かおかしいな、なぜ下げ止まらないんだろうと思いつつも、お客さまには、長期のファンダメンタルズ分析からは大丈夫だと思いますと言っていました。ところがそれでも株価は下がり続け、2018年12月26日には一時、1万9,000円割れの展開になりました。

投資信託の基準価額はボロボロになり、お客さまからの苦情や不安、不満の声が増え、中には「もういいから全部売ってくれ。投資は二度とやらない」と言って、本当にやめてしまったお客さまもいました。

2019年に入り、一転、リバウンド相場から4月に向けて2万2,000円台に戻す強い動きとなったわけだが、そのとき

はどうだった？

実は、心理的な動揺と投信の損失があまりにも大きくなりすぎたなかで、お客さまだけでなく、僕自身も何もできませんでした。

相場が戻りを試す局面になっても、正直、買いに出ることはできず、相場が戻るのを見て、「損失が減って良かったな～」と、ただただマーケットを眺めてほっとしているだけでした。

その後、2019年も4月に入ると、5月からの令和新時代に向け、市場にも強気な心理が戻ってきたよね。そのときはどうだった？

そうですね。日経平均が2万2,000円を超え、まわりが令和へのご祝儀相場だとか騒いでいたので、僕もお客さまも、そのあたりからはようやく強気に転じました。

それで、日本株の投信を買っていただいたのですが、その後の6月、8月と2度も2万円割れを伺う下落局面で、さらに投信の損失が拡大してしまい…。

自分の見通しの悪さが本当に嫌になった時期でした（涙）。

あるお客さまには、「あなたは、相場が上がってきたら強気になるのよね。おかげで私は高値で買わされた。そしてそこからまた谷底に突き落とされて大損させられた。あなたの提案を信じて、中長期で日本株投信は割安で右肩上がりというイメージを持って買ったのに、マーケットに振り回されて結局、大きな損失を抱えたわ。もう、あなたやあなたの銀行とは一切取引しない」と言われ、全投信を売却されて、他の銀行に預金とともに移されてしまいました。あの時は本当に泣きそうでした。

そうか…。それは難しくて厳しい局面を経験したんだね。
いまざっと、当時の相場環境を振り返ってみたわけだけど、月曜から一緒にやってきた講義を振り返ってみて、何が問題で、どう対応したらよかったと思うかな？

はい。まずは投資の分析スキルとして、ファンダメンタルズ分析を軸に見通しを立てることは、プロセスとしては間違っていなかったと思います。
ただ、この勉強会で習ったように**ファンダメンタルズ分析も絶対ではなく、ファンダメンタルズ分析が効かない局面がある**ということ、当時の状況に則していえば、**割安になったからといってすぐにファンダメンタルズ価値に戻るというわけではない**ということに、自分自身気づいていませんでした。

それと、投資家心理や投資家行動を考慮に入れた中長期のテクニカル分析や行動ファイナンスもしっかり学んでいたら、相場の大きな流れや変化を掴むことも可能だったかもしれません。
何より、リスク管理が全然できておらず、時間とともに損失が雪だるま式に膨らんでしまって、自分自身もお客さまも、慌てふためき、そして最後には打つ手なし、となってしまったことは大いなる反省点だと考えています。

今回先輩に教わった知識や考え方があれば、お客さまに対して、**中長期の視点で相場がピークの時に「売り上がり（相場が上昇中に徐々に売却を行うこと）ましょう」または「少し買うのを待ちましょう」と言えたかもしれません。**

特に一つのタイミングで全部買うのではなく、タイミングをいくつか分けて買う「時間分散」を提案できたかもしれない。そうすることで暴落前に投信を買いすぎず、お客さまの資産を守れたかもしれません。

そうだね。

また、逆に下落局面の初期では、「買うのを待ちましょう」あるいは「売りましょう」と提案できたのかもしれませんし、下落局面の最終局面の大底をつける前に、またつけた後に「積極的に買いを行いましょう」と言えていたかもしれません。

もちろん、今となっては「タラれば」ですけど、そういった対応が少しでもできていれば、今、お客さまの苦情相談研修に参加していないかもしれないです（涙）。

もし、また同じような局面があったら、きっちり対応できるようにしたいです。

もちろん、後から相場を振り返ったからこそ言えることもあり、すべてを事前に当てて、ベストの対応をとることは難しいと思う。

ただ、歴史にまったく同じ場面はないかもしれないけど、やはり「歴史は繰り返す」。もっと正確に言うと「まったく同じ歴史を繰り返すことはないが韻（いん）を踏むことはある」と言われるように、**似た相場局面はまたどこかで訪れるかもしれない。そうした場合に備えて、しっかり今回の上昇・下落相場を教訓にできるといいね。**

はい。次は必ず、お客様のためにも自分自身のためにも乗

り越えてみせます！

よーし、その意気だ。では、本題に入るとするか。まずは投資の分析手法から、どんな対応が可能だったのかを見ていこう。

わかりました。

2　中長期のテクニカル分析を行っていたらどんな対応が可能だったか？

[本店カフェテリアでの講義・続き]

当時のことを、もう一度振り返ってみよう。

ファンダメンタルズの視点では、アベノミクスの平均PERが15倍であり、その時のPERから見ると株価は割安であったし、過去最高の予想EPS（一株当たりの利益）を更新していたので、業績面から言ってもたしかに買いと判断するのは間違っていなかったかもしれない。

ただ、その一方で、**中長期のテクニカル分析では、市場は上昇相場から下降相場へ転換した可能性を示唆するサインも出ていたんだ。**

前に説明した200日移動平均線（概ね中長期トレンドを示すと言われる）をベースとしたグランビルの法則と、日本株（日経平均株価）の動きを見比べて、投資判断について考えてみよう。

〈日経平均・日足〉

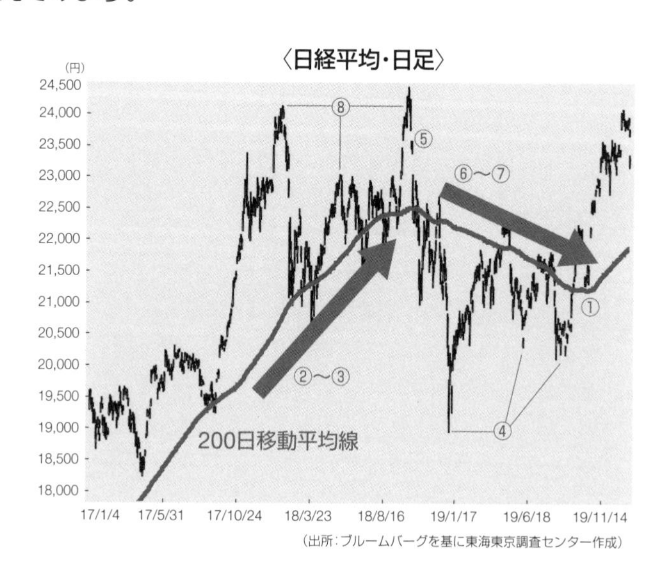

（出所：ブルームバーグを基に東海東京調査センター作成）

200日移動平均線をベースとしたグランビルの法則

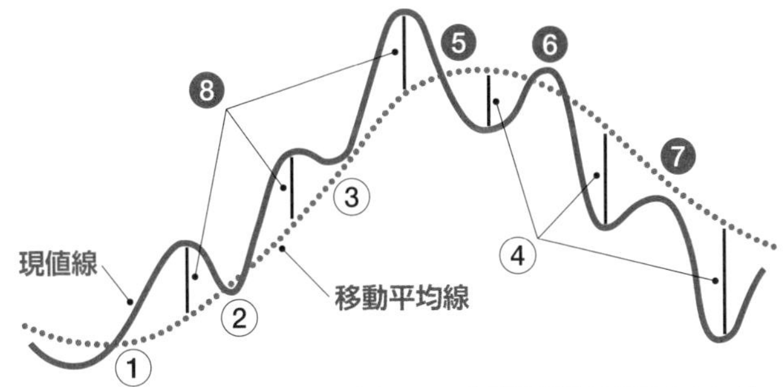

(注)ここでの移動平均線は200日線のイメージ

〈4つの買いサイン〉

①移動平均線が下落後、横這いになるか上昇しつつある局面で、株価（現値線）が移動平均線を上に突き抜ける場合

②移動平均線が依然として上昇しているのに株価が移動平均線を下回る場合

③株価が移動平均線の上にあって、株価が移動平均線に向かって下落したものの、交差することなく再び上向きに転じる場合

④移動平均線が下降している場合でも株価が移動平均線と大きくカイリして下落した場合

〈4つの売りサイン〉

⑤移動平均線が上昇後、横這いになるか下落しつつある時、株価が移動平均線を下に突き抜ける場合

⑥移動平均線が依然として下降しているのに、株価が移動平均線を上回る場合

⑦株価が下降する移動平均線の下にあって、移動平均線に向かって上昇し、交差しないで再び下向きに転じる場合

⑧移動平均線が上昇している場合でも株価が移動平均線とかけ離れて大きく上昇した場合

まず、200日線が上向きで推移していた2018年10月より前は、グランビルの法則の②、③の買いサインに従っていたら、概ね上昇相場の中での買いスタンスを継続でき、良好な投資成果を上げることができたのではないかと思う。

つまり、200日線は基本、上向きだったのでテクニカル面からはトレンドは上向きと判断できたということですね。

そういうことだね。

このグランビルの法則から、短期売買の視点では、押し目買い（下がったところを買う）や戻り売り（下がった後に上昇したところで売る）のタイミングが読み取れるけど、**中長期の投信営業においては、そうした短期売買の視点を気にするよりは、中長期のトレンドの方向性とそのトレンドの転換点を、200日線を活用して認識できるように意識していけばいい**と思うよ。

ファンダメンタルズの側面で話すと、景気にはさまざまなサイクルがあって、上昇と下落の波があるのは知っているよね。例えば、キチンサイクルと言われる在庫投資に起因する景気循環は概ね3年、ジュグラーサイクルと言われる設備投資に注目した景気循環は概ね10年と言われている。

つまり、企業の生産活動を踏まえた在庫の積み増し・縮小により3年ごとに景気の上げ下げが生じ、また企業の設備投資の拡大と縮小により、10年ごとに景気の上げ下げが生じるということだ。

こうした**景気のサイクルに加え、株価のサイクルの波をつかむグランビルの法則を使えば、3年ごとの景気や株価の上**

げ下げ、また10年ごとの景気や株価の上げ下げの局面での買い、売りタイミングにも活用することができると言われているんだ。

わかりました。200日線を活用したトレンド転換など、中長期の視点でテクニカル分析を活用する。また、3年や10年単位の中長期の景気循環など、ファンダメンタルズともしっかりと組み合わせていくとよいということですよね。

そうだね。あと、今のトレンドが上向きなのか、下向きなのかを判断するのは、200日線の傾きから判断すればいいと思うんだが、上向きのトレンドが下向きのトレンドへはっきりと転換したかどうかを判断するのは本当に難しいんだ。

例えば、グランビルの法則に従って買いスタンスを継続していた場合、2018年9月から10月にかけて急騰していた局面の捉え方が問題になる。

この時期がグランビルの法則の「売りの⑧」にあたるということはわかるんだけど、それが「①、②の間の⑧もしくは、②、③の間の⑧」なのか、それとも「⑤、⑥につながる前の⑧」なのかで、お客さまへの提案内容がまったく異なるからね。

そうですね。「①、②の間の⑧もしくは、②、③の間の⑧」であれば、⑧で売った後に、また押し目買いを入れるか、⑧になったとしても長期保有の視点から持ち切りにしておけば、その後、上昇して利益を上げる可能性が高まりますよね。

一方、「⑤、⑥につながる前の⑧」で売った後に、また押し目買いを入れてしまったら、もしくは、売らずに長期保有の視点から持ちきりにしていれば、上昇相場から下落相場の転換点だったため、その後の下落・急落相場で損失が拡大してしまったことになりますね。

そうだね。そのどちらの局面かをしっかりと見極めないと、長期投資と思って保有継続していたがために損失がどんどん膨らんでいくという、最悪の事態に遭遇してしまう可能性があるんだ。

PERなど業績面での割安さを用いるファンダメンタルズ分析では、こうした局面でも引き続き買いサインとなっていたと思うけど、**テクニカル面では上昇局面から下降局面への転換の可能性が、つまりは売りサインがここで示唆されていたということだね。**

上昇局面から下降局面に移る転換点の見極めかぁ…。

そうだね。加藤君がもし、中長期のテクニカル分析を学び、グランビルの法則をあらかじめ知っていたら、株価は2018年の9月～10月にかけての短期急騰後、崖から落ちるような局面になる可能性があることを想定した対応をとれたかもしれない。

投資メンタルマネジメントや行動コーチングの視点で言えば、⑧の局面で、自分自身やお客さまの「まだまだ上がる」という気持ちをコントロールし、「少しずつ売り上がりましょう」とか「買い付けを少し待ってみましょう」とか「買いタイミングを何回かに分けてみましょう」と、**お客さまのはやる気持ちを抑え、下落の可能性の示唆を与えることで投資のブレーキを踏むことや、買い付けタイミングを分けることが**

できたかもしれない。

一方、マーケットが「①、②の間の⑧もしくは、②、③の間の⑧」である可能性が高いとわかったら、今の局面は、「⑤、⑥につながる前の⑧」でなかった可能性があり、再度、強気で攻めましょう（買い）とスタンスを修正することもできたかもしれないね。

たしかにそうですね。ただ、例えば、上昇トレンドから下降トレンドへの転換点の可能性を踏まえてお客さまに売り提案をしたあと、見通しが間違っていたことがわかった場合、すぐに修正すること（売り提案した後の買い提案など）は難しいですよね。

短期間で相場見通しが変わると、お客さまからの信頼をなくしてしまうし、また嫌味を言われたり、怒られてしまうかもしれません。そういうときはどうしたらいいんでしょう。

こういうことはないだろうか。そういった場面になると、多くの投信営業担当者は真摯にお客さまに向き合うことを避ける傾向があり、相場の中長期の転換点の可能性を無視してしまう。

また、なんとなく転換点のリスクを感じていても、それをお客さまと共有せずに投信を提案してしまう。

逆に言うと、**営業担当者が分析手法を活用し、相場の大局観も踏まえたうえで、お客さまと意見を共有できれば、また自分自身およびお客さまのメンタルの管理をベースとしたマーケットに対処する力を発揮できれば、他の投信営業担当者と**

大きな差別化が図れるんじゃないかな。

たしかにそうかもしれません。相場の転換点を見誤ったり、中長期投資と言いながら短期で提案を変えてしまった場合には、「お客さまの信頼を失うかもしれない」「怒られるかもしれない」と考えがちになります。

そうした場面でこそ、**投資メンタルマネジメントや行動コーチングを実践し、お客さまのために見通しが間違っていた事実・可能性も誠実に伝え、次に向けて対応していく。**

これこそが「顧客本位の営業」の大事な一歩かもしれませんね。

うんうん。あとは、リスク管理の視点で言うと、グランビルの法則で⑤、⑥が現れたと思ったら、**中長期の大局観を持って思い切ってロスカット（現金化、ポジションの縮小など）を行い、市場の下落による損失拡大のリスクを回避すること**も大事だろうね。

加えてそうした局面では、ポートフォリオの観点から言うと、**ハイテクなど値動きの大きい景気敏感株から、下値リスクが比較的小さい好配当株・ディフェンシブ（景気に影響を受けにくい）株などの投信にシフトし、その後の下落相場での損失を小さくする方策を採ることも一つのリスク管理策と言える**だろうね。

自分のメインシナリオや想定相場とは逆にいった場合、しっかりとしたリスク管理手法を持っていれば、損失を限定できた可能性があるということですね。

そうだね。**仮に自分のメインシナリオや想定相場とは逆にいった場合、そこで同じ日本株の投信で短期反対売買をするのではなく、日本株の方向性と同じように動くと想定される投信の売買でリカバリーしていくことも大事**だろうね。

日本の大型株投信を売った後、日本の中小型株投信を買うというのもありですか？

日本の大型株と中小型株が同じ方向に動くと予想した場合は、それもありだね。

また、相場状況に応じて先物などで買いや売り建てを行う「リスクコントロール型」の投信もある。相場が上か下かどちらに振れるか読みにくい場合は、そういった投信を買い付けるのも一つの手だろう。

その他の投信でも対応できるよう、今、自行でどんな投信の商品を扱っている（提案できる）のか、どの投信とどの投信が似た動き（順相関）をするのか、または違う動き（逆相関）になりがちなのか、把握しておくことが必要だ。

また、事前にお客さまと相談し、想定相場と逆にいった場合はリカバリーとしてこの投信を買いつけましょう、あるいはこの投信を売却しましょうという候補を選定しておけば、自信を持ってお客さまに提案できるよね。

そうですね。

あとは、営業担当者やお客さま自身が陥りがちな「バイアス」をお客さまと共有しておくといいだろうね。

例えば、上がった株は早く利食いをし、下がった株は売ることが難しく、塩漬けにしてしまう可能性のあるという「プロスペクト理論」や、買いが買いを呼ぶ、逆に売りが売りを呼ぶ、群れ行動としての「ハーディング」など行動ファイナンスの視点を共有しておくということだ。

そうすれば、メンタル管理による「投資メンタルマネジメント」力を高め、お客さまに合理的な投資行動を促す「行動コーチング」がスムーズになってくると思うよ。

そうですね。**行動ファイナンスで、投資家が陥りやすいバイアスである「投資家あるある」の失敗事例をお客さまと事あるごとに共有しておく**といいですね。「今、ひょっとすると、お互いこのバイアス傾向になってきているのかもしれませんね」と、お客さまの心理と営業担当者自身の心理を見える化、共有化することができそうです。

行動ファイナンスの視点を投資の意思決定やリスク管理に生かせるだけでなく、コミュニケーションを通じ、お互いの親密度、信頼度が高まるという利点もあるかもしれませんね。

そうだね。

実はここに、株式投資において一般的な投資家が強気になった時に陥りやすい心理・行動と、逆に弱気になった時に陥りやすい心理・行動をまとめたチェックリストがある。ぜひ参考にしてほしい（131～132ページ参照）。

投資家の**強気**の心理行動（センチメント）

□自分がとても偉くて、なんでもできる人間だと思う万能感や過度の自尊心を持つことがある。

□まわりに「投資のことなら私に何でも聞いてくれ」と言ったことがある。

□「次は何の株が上がるよ」とか、「私が推奨した銘柄、すごく上がったでしょ」などと言うことが多い。

□職場・家庭にとどまらず、対外的な社外活動でも活発になり、気分は絶好調で毎日がとても楽しい。

□意味もなくまわりに笑顔で話しかけたり、取引先の相手と電話で笑いをまじえて大声で話したりする。

□睡眠時間が短いのに、よく眠れたと感じる。

□いろいろな考えが頭の中にあふれて人に話したくなる。

□時計や車など高額な商品をよく吟味せず、買うことが増えた。

□最近、夜景の見えるレストランや、ホテルでの外食が増えた。

□クレジットカードで最近どのくらい使ったか覚えていない。

□株式投資が楽しくて、仕事中でも株価が気になって頻繁にチェックするようになる。

□今の仕事を辞めても株式で生計を立てられるような気がしてきた。

□株式投資のためにむやみに借金をすることがある。

□最近、あまり理解していない新興国の株式や為替にも積極的に投資することがある。

□最近、財務的に信用力が低く、普段では投資家に敬遠されて見向きもされないような企業や赤字企業に投資することがある。

□普段、ファンダメンタルズ分析を重視しているが、PERが100倍を超えるような企業や赤字の企業を買い始めた。

投資家の**弱気**の心理行動（センチメント）

□なんとなく気分が晴れず、マーケットの情報を集めることや、実際の株式の売買をやる気がおきない。

□株式の売買がうまくいかず、憂うつな気分を感じているときには、イライラ感が強くなり、まわりに当たり散らしたり、ふさぎ込んだりする。

□自分の予想と違うマーケットの動きに対して、おかしい、おかしい、絶対マーケットが間違っていると発することが増える。

□新聞の株式欄やニュースを毎日見るのが好きだったのに、見ても全然おもしろくないし、逆にうっとうしさを感じる。また、いくら読んでも頭に入ってこないときがある。

□マーケットの損失が気になり、なかなか夜、寝付けなかったり、夜中に突然、目が覚めて眠れなくなったり、朝早く目が覚めてしまい、取引時間で動いているNY株や為替をチェックし思い悩んだりする。

□時に、株式市場の大暴落や大損した夢を見て、うなされることがある。

□自分は下手で、株式の売買には向いていない、やればやるほど損失が膨らむのではと、自分を過度に責めたり、過去の株式の売買の失敗例を何度も何度も思い出して悩んだりする。

□マーケットには悪材料しかなく、一生、下げ続けると、悲観的なものの見方しかできなくなる。どこまで下がるかわからず、怖くて全株売ってしまう。

□気分が滅入り、つらくてたまらず、株式の売買で一か八かの賭けに出る。

□投資は二度としたくない、株のことは思い出したくもないと極端に考え、全株、何も方針なく、売ってしまう。

これはまさに、「投資家あるある」ですね。

行動ファイナンスを学問・理論としてとらえると、お客さまと共有するハードルが高いと感じる人も多いと思うので、こういうチェックリストを使ってみるのもいいと思うよ。

このリストに挙げられていることって、マーケットの動きに揺り動かされる僕の心理状況を的確に表していますね（笑）。

投資と心理を踏まえた行動ファイナンスや投資メンタルマネジメントを、こういうわかりやすい形で示してもらえると助かります。

3　ファンダメンタルズ分析が効かない状況を2018年の株価急落を例に理解する

[本店カフェテリアでの講義・続き]

ところで先輩、投資分析手法に話を戻しますと、2018年の株価急落の際、僕はPERなど業績面での判断（買いと売りの逆転）を間違えてしまったのですが、なぜ、PERが割安水準にもかかわらず過去平均の水準に戻らず、どんどん切り下がる動きになってきたのでしょうか？

ファンダメンタルズ分析が効かないケースがあるということは頭ではわかったつもりですが、なぜファンダメンタルズ分析がこの局面で効かなかったのかをもう一度、マーケットの動きと分析手法の点から整理したいのですが。

いい質問だね。PERなどの割安度合いが継続する現象は**「割安のわな」**とか**「バリュートラップ」**と呼ばれるのだけど、なぜ、2018年10月以降、株価が上がらず、PERが切り下がっていったのか、基本に立ち返って一緒に考えてみよう。

まずはおさらいなんだが、業績面から日経平均の理論値（ファンダメンタルズ価値、例えば、日経平均のファンダメンタルズ価値は2万4,000円など）を出すには、EPS（一株当たりの純利益）とPER（株価収益率）を使うことが多い。日経平均の理論株価は、「業績価値」であるEPSと「先行きの期待や人気としての投資家心理・センチメント」であるPERの掛け算で決まるということだ。

PERは株価収益率で株価の割安、割高をはかるものだと思ってましたけど、この指標は同時に投資家の先行きの期待や心理的な動き（センチメント）も示しているということですか？

そうだね。歴史分析の話をした時にも取り上げたけど、アベノミクス初期に海外投資家が大きく日本株を買った理由として、構造改革への期待で日本株への期待が大いに高まったということがある。その時は、業績価値であるEPSが低迷する中、まさに、投資家センチメントであるPERが切り上がったことで理論株価が上昇したと言えるだろうね。

少しまとめると、業績が上がれば基本、理論株価は上がり、また、投資家の期待・人気が高まっても理論株価は上がる。そして業績と投資家の期待・人気が両方上がればさらに理論株価は上昇する。

じゃあ逆に、どういう時に株価は理論的に下がっていくと思う？

はい。さっきの逆で、業績が下がった場合か、投資家の期待や人気が下がったとき、または業績と投資家の期待・人気が両方下がったときだと思います。

下がる要因は本当にそれだけ？

え、どういうことですか？

理論株価は業績価値と投資家の期待・人気の掛け算なんだよね。

はい。

業績が10から12になったとしても、投資家の期待や人気が10から5になったら理論株価は下がるよね。

え～、あ～そうか、掛け算ですものね。掛け算なら、**業績が良くてもセンチメント・人気がそれ以上に下がったら株価は下がります。**

なんか、業績が良かったら株価は上がるって自分の中で刷り込まれていたから、これは盲点でした。行動ファイナンスで言うなら、なんらかのバイアスがかかってたということになりますね。

だよね。ここを勘違いしている投資家は結構多いんだ。気をつけるようにしよう。

はい。

では、業績はいいのに、投資家の期待・人気が下がる時というのはどういった状況が考えられるだろう？

うーん。ここで言うなら、業績はいいのに、PERが過去平均に戻らず、下がっていくような局面ですよね……う～ん。

そうか～。じゃあ、ヒントを出そう。自分自身が投資家だったとして、仮に、①もし業績がこれから底打ちしそうだという局面、②業績がこれからさらに拡大しそうだという局面、③業績がもうピーク（天井）で先行き下がりそうだという局面では、どこで買いたいと思う？

それはもう、①業績が底打ち、もしくは②これから拡大しそうだと思う局面ですよ。ピークと思ったら誰も買いたくないですよ。

そうだよね。だいたいの投資家はそう考えるだろうね。

①のような業績が底打ち、または②のように業績が拡大しそうな局面では、みんなの期待が高まって投資家の期待・人気が高くなりがち、つまりPERが切り上がりやすいよね。そうした局面でもPERが過去平均などと比べて割安なら買いを入れたいよね。

たしかに。でも③のように業績がピークなら、たとえPERが割安でも買いを入れたくないかも。これから業績が下がっていくかもしれないので…。

加藤君、ようやくわかってきたようだね。**ファンダメンタルズをもとに投信の購入を提案する場合、中長期的に①業績が底打ちする局面なのか、②拡大する局面なのか、③ピークの局面なのかで判断を変えていかなければいけないんだ。**

あ〜、ようやくわかってきました。

2018年10月に日経平均は、業績好調のもとで高値をつけたあと、大きく下落する局面となり、投資家の期待・人気であるPERがどんどん切り下がっていたのに、「業績からみて買いです」「PERは過去平均で割安だから買いです」と言ってしまっていました。

むしろ、「中長期の業績のピーク感から今後は先行き業績の鈍化が見込まれます。そのため、センチメントである

PERが先行きの業績鈍化を嫌気する形で切り下がることで、仮に過去平均から見て割安でも売り圧力が高まる可能性もあるかと思います」と、反対の売り判断をしなくてはいけなかったということですね。

結果的にはそういうことになるね。
2018年後半は業績がピーク局面だったとみられる。そうした局面では、業績が底打ちに向かうまでは投資家の期待・人気は切り下がりやすく、理論株価は下がりやすいということを知っていれば、「保有している投信を売りましょう」とか、「先行き、調整する可能性があるかもしれませんので少し買いを見送りましょう」などと、もっとお客さまに違った対応ができていたかもしれないよね。

あ〜。ファンダメンタルズ分析の一般的な見方しか理解しておらず、相場の局面によって違う判断になる可能性もあるのに、自分の知識不足でお客さまに迷惑をかけてしまいました。深く反省です。

プロフェッショナルな投信販売担当者になるためには、ファンダメンタルズ分析も教科書に載っているような一般的な活用の仕方だけでなく、もっと実践で活用できる深いところを押さえて、市場を判断していくことが大事だね。

承知いたしました！

4　行動ファイナンスの視点を持ったうえで下値の目途としてPBRを活用する

［本店カフェテリアでの講義・続き］

次に、2018年10月の高値から2018年末までの「急落場面」を例に考えよう。こうした局面でどうやって投資判断を下し、お客さまにどのような提案をしていくかが次のポイントだ。

下落局面、つまり、PERが切り下がり、株価は下がる可能性が高い局面というわけだが、PERを活用したファンダメンタルズ分析では、株価がどこまで下がるか予想しづらいよね。

そうですね。当時、PERは過去平均から離れてどんどん切り下がっていましたからね。

そうした場合、どこまで下がるかを判断するうえで大事なファンダメンタルズ指標として、PBRがあるんだ。この資料を見てごらん。

●どうやって理論株価を計算したらいいのか？

「業績」の側面から計算する方法	PER（株価収益率）＝株価/EPS（一株当たり利益） 理論株価＝EPS（業績価値）＊PER
「資産」の側面から計算する方法	PBR（株価純資産倍率）＝株価/BPS（一株当たり純資産） 理論株価＝BPS（解散価値）＊PBR

こちらもおさらいということになるが、理論株価を出す方法には、ここまで見てきたようなEPS（業績価値）やPERなど業績から出す方法のほかに、資産面から理論株価を出す方法もあり、それには、BPS（一株当たりの純資産）とPBR（株価純資産倍率）を使うことが多い。「資産価値」であるBPSと投資家の期待・人気のPBRの掛け算で、理論株価は決まるわけだ。

一株当たりの純資産が上がれば基本、理論株価は上がり、また、投資家の期待・人気が高まれば理論株価が上がる。そして一株当たりの純資産と投資家の期待・人気が両方上がればさらに理論株価は上昇する。

EPS、PERなど業績から理論株価を算出した場合と同じ考えですね。

そうだね。個別銘柄でもよく言われることなんだが、BPSは企業の解散価値を表す。基本的にPBR1倍未満の会社は、解散価値より安いということで割安だとの判断がなされたりする。なので株価が調整する場合などは、**日経平均株価のPBRが1倍に近づく時、または割り込んだ時には長期のファンダメンタルズの視点では割安感が強いことを示している。**

たしかに長期的には1倍程度で株価は下げどまっているように見えるから、ファンダメンタルズ重視の投資家に対しては買い提案できる場面と言えるかもしれないね。

なるほど、そうですね。これは長期のファンダメンタルズ分析をベースに日経平均の下値目途（下げ止まると予想され

る価格）を見るうえでは活用できるかもしれない指標ですね。
こういった指標をベースに、株価が売られすぎた場合は、PBR1倍前後を意識し、中長期の視点で買い向かえばいいということなんですよね。

そうだね。2018年12月の急落相場は、まさにそういう対応ができていたら、うまくいっていた局面だったんだ。また、下落局面で買いの提案ができただけでなく、売りを抑制するうえでもうまい対応ができていたかもしれない。

例えば、**お客さまから、「もう下値が見えず、恐いので全部売ってくれ」と言われた場合、こういったPBRの指標を提示して、ここから全部売った方がいいのか、それとも長期スタンスで保有を継続したほうがいいのかをしっかりと話し合うことが大事だね。**

お客さまによっては、下値目途というPBRの活用の視点を初めて知って、売りを踏みとどまってくれるケースもあるだろうし、それでも売ってくれというお客さまもいるだろう。どちらにしても、しっかりお客さまと話し合って最終的な意思決定をすることが、持続可能な顧客本位の営業を確立するうえで大事になってくるだろうね。

営業担当者としてお客さまと一緒に並走し、お客さまの思いを実現すると同時に、納得感を得ながら投資を行っていくことで、お客さまの経済的満足度だけでなく、心理的満足度も高めていく。これこそが顧客本位の営業ということですよね。

その意味では、これは営業担当者のやりがいも同時に高める営業スタイルと言えるだろうね。

　ただ、ここで注意してほしいのは、何十年もの間には、市場にも例外の動きをすることもあるということだ。「行き過ぎもまた相場」と言われるバブルとその崩壊がまさにそれだ。そうした場合、**PBRは1倍で必ずしも止まっているわけではない。リーマンショック時は0.8倍台まで下落している。**

　え～そうなんですか。知らなかった。投信会社の過去の資料などを見ても、PBRって1倍割れで概ね止まるものだと思ってしまっていましたが。

　PBRが1倍のときに買うのと0.8倍で買うのとでは天と地ほどの差がある。
　例えば、日経平均のBPS（一株当たり純資産）が2万円だったとしよう。PBR1倍は2万円だけど、PBR0.8倍は1万6000円になる。
　PBR1倍程度で止まりますよと思って買ったら、リーマン・ショックのようなケースが起きて、さらにそこから4,000円も下がるイメージだね。

　それは怖すぎます。せっかく、PBRというファンダメンタルズ指標を活用した投資の軸ができたと思ったのに、これでは何とも言えませんね。

　だからそこに、行動ファイナンスの視点が入ってくるんだ。行動ファイナンスは、投資家心理、例えば楽観、悲観などによって、相場が上下に行き過ぎたりしてしまう可能性があることを我々に伝えているんだ。

　日経平均のファンダメンタルズ面からはPBRは下がって

も1倍程度で止まる傾向がたしかにある。しかし、それを絶対視するのではなく、リーマン・ショックみたいな万が一の局面ではPBR1倍で止まらないかもしれないという発想を持つことが行動ファイナンスの観点から大切なんだ。

全部の資金をPBR1倍割れで買いに行ったり、またPBR1倍程度で、長期に止まる可能性が高いですと確信に近い形でお客さまに提言すること自体、リスクがあるんだよ。

たしかに、PBR1倍でほぼ確実に止まるとは限りませんからね。その場合、行動コーチングの視点からお客さまにどのような質問やお声かけをしていけばよいでしょうか？

例えば、行動コーチングの視点から、お客さまに次のような質問を投げかけたらどうだろう。

「ここから株価が10%下落した場合、PBR1倍程度となりますが、PBR1倍程度が底値になると考えますか？」
「今回は通常のPBR1倍程度で止まるような下げなのか、それともそれを割り込んでしまうようなバブルの崩壊の可能性が高いのか、どちらだと思われますか？」
「もし、1（確率低い）～10（確率高い）の中でバブル崩壊の可能性を数字で表すとしたら、どのくらいとお考えですか？」
「仮に最悪PBR1倍を割り込んで、さらに20%下落するとした場合、どう思いますか？」
「そういった場合、どういった対応をしたいと思いますか？」
「もし最悪の事態にならないようにリバランスをする

としたら、どのように行っていくのがベストだとお考えですか？」

こうした質問を投げかけることで、今後の投資スタンス（買おうとか、売ろうとか、待とうとか）やリスク管理をお客さまと一緒に考えることができると思うんだ。

お客さまの話をしっかり聞く「投資のカウンセリング力」と、お客さまに気づきを促す「コーチング力」の両方を兼ね備えた対応が大事ということですね。

例えば、お客さまと次のような会話をしてみたらどうだろう。
「長期のファンダメンタルズでは日本株はPBR1倍程度で止まることが多かったのですが、リーマン・ショックの時は0.8倍程度まで急落しています。今回の景気悪化度合いはリーマン・ショック級だとは思いませんが、万が一、そうなった場合にも備えて、投資資金（1000万円）の半分（500万円）をPBR1倍程度で、4分の1（250万円）をPBR0.9倍の時に、残りの4分の1（250万円）を0.8倍の時に買い付けに回せるように用意し、タイミングを分けて買い付ける方法もあります。こうした案についてどう思いますか？」

こうした行動コーチング的な問いかけは、リスク管理もふまえ、お客さま側に立った顧客本位の対応と言えるだろうね。

わかりました。**お客さまの意思を尊重しながら、相場動向に対応しつつ、万が一のリスク管理を踏まえ、ポジションやタイミングを分けたうえで買い付けることも大事**ということですね。

それには、例えば過去5年程度のデータ（アベノミクス後のデータ）など直近の資料を一概に鵜呑みにすることなく（そこだけ見ればPBR1倍程度で下落が止まっている）、リーマン・ショックなど過去の暴落局面も調べて、長期のデータも踏まえ、しっかりと自分で考えてみることが大事だね。

お～、先輩のおかげでいろいろなノウハウが溜まってきて、頭がだいぶ次世代エースに近づいてきているような感じがします（♪）。

だといいんだがね。

5　2019年以降の相場反発に至る局面をどう見ればよかったか

[本店カフェテリアでの講義・続き]

次に、2018年末にかけての投信基準価額の急落の動きから一転、リバウンド・反発相場となった2019年初めから4月までの時期には、どのように対応していくべきだったかを考えていこう。

そうですね。もしPBR1倍程度を下値目途とすることや、中長期のテクニカル分析におけるグランビルの法則（77ページ参照）をあの時知っていれば、200日移動平均線から大きく下に乖離した④の時期は買いだったということになります。そして反発局面では、200日線を目途に、戻りの可能性も想定できたと思います。

グランビルの法則

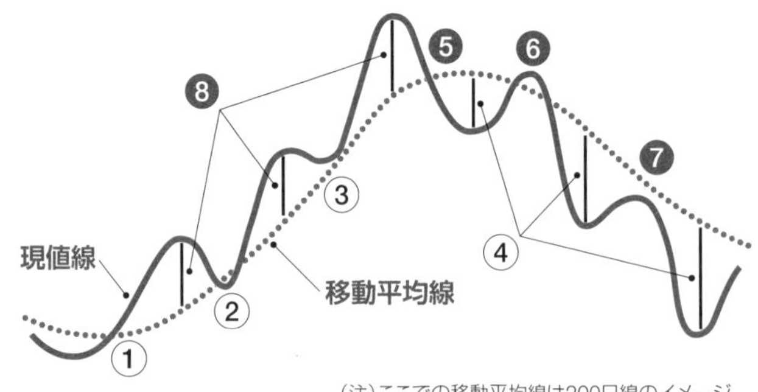

（注）ここでの移動平均線は200日線のイメージ

ただ、200日線が下向きの中、仮に株価が200日線を上回っても、先ほどの売りサイン⑥であると判断し、戦術面で戻り売りを行ったでしょう。また200日線が下向きの中、株価が200日線を超えられずに跳ね返された場合でも、売りサイン⑦であると判断し、戻り売りを行ったと思います。

そういうことだね。上昇相場の②、③や、下落相場の⑥、⑦のサインは順番が前後して同じようなサインを何度も繰り返すこともあるけど、**200日線が下向きである限りは、中長期のトレンドは下向きと判断し、戻り売りスタンスを継続することが基本だし、大事になる**んだ。

一方、**仮に200日線が横ばいから上向きになった場合は、①の局面としてトレンドが下向きから上向きにかわったのかもしれないと判断でき、戻り売りから積極的に買いスタンスに転換し、トレンドに追随することも大事になってくる。**

これは2019年9月以降の相場の急反発の動き（投信の基準価額の急反発）に当てはめてみるとわかりやすいよ。そこで200日線はきれいに横ばいから上向きに転じ、中長期のトレンドが転換した買いサインを示していたんだ（122ページの図表参照）。

2019年4月には、令和への改元のご祝儀相場が大型連休（10連休）後の5月以降に来るのではとの市場の期待もありましたが、①の局面ではないということで、そういった市場の声に惑わされず、⑥の局面として捉えて粛々と戻り売りができていれば、5月以降の急落相場にもうまく対処できましたね。

そういうことだね。これで、こうした下落相場とトレンド転換局面については中長期のテクニカル面によって一つ判断

軸を持つことができたと思うが、もう一つの分析手法であるファンダメンタルズ面からどう判断するのかも大事だよ。

下落相場では下値目途としてPBRを使ったけど、**業績が先行き底打ちして反発するタイミングでは、投資家の心理や人気を示すPERが切り上がり、株価が上昇トレンドに転換する可能性もある**んだ。

そのため、日本株の業績が底打ちして反発できるか、特に株価は6～9ヵ月先を見て動くと言われているから、**先行きのマクロ経済の回復や、輸出面から業績に寄与する可能性のある為替のトレンドが良好かどうかで、業績が底打ちするかを判断していくことも大事になる**んだよ。

2019年9月以降の大きな株価の反発局面（投信の基準価額の反転）では、グローバル景気が6～9ヵ月後に底打ち・反転するという見方が広がり、また、業績面へのインパクトが強い為替が円安方向に振れていましたから、ファンダメンタルズ面から株価の底打ちが期待された局面に入っていたということが言えるんですね。

そうだね。**中長期のテクニカル面とともに中長期のファンダメンタルズ面を複合的に活用しながら、トレンド転換をとらえる精度を高めていくことも大事**だね。

ただし、200日移動平均線が下向きの下降トレンドの局面では、「まだまだ下落する」とみんなが恐怖心で出口を探るハーディング現象が起きやすい。

お客さまが弱気になり、会社・支店も弱気になりがちの中で、反対の買いの投資提案を行おうとする場合、心理的プレッシャーがかかりやすいから、それを軽減する対応も同時に行っていく投資メンタルマネジメントが大事だったよね。

そうですね。皆さんからボコボコにされるリスクを背負う可能性のある局面では、しっかりと自分のメンタルもケアしながら、顧客本位の営業を信じて、アクションを起こすことが大事でしたよね。

そうだね。では、今までの講義を踏まえ、加藤君に、行動コーチングの実践力がついているか一つテストをしよう。

今、株価が急落し、まだまだ下がりそうな局面だとしたら、もう投信をすべて売ってほしいというお客さまにどのように声をかければいいだろう？

私だったら、次のような質問をお客さまに投げかけ、自分も一緒に考えていきます。

「今、株価急落を受けて投信の基準価額が下落し、先行きも透明感が漂っていますが、ファンダメンタルズ面から考えると、今後、6〜9ヵ月先に業績が改善すると見られる兆しは感じられますか？」

「今後、どのようなニュースやイベント・事象が起これば、株価が底打ち、反転（投信の基準価額が上昇）すると思われますか？」

「PER、PBRは、ファンダメンタルズ面から考えて、本来はどの水準が適正だと思われますか。また、リスクシナリオとしてここからどの水準まで下がると思いますか？」

「グランビルの法則の各局面の中で、市場は今、どの局面にいると思いますか？」
「過去の暴落の局面と今の局面では何が違うと思いますか？」
「過去の暴落の局面では、投信をそのまま保有しましたか？　それとも売却されましたか？」
「なぜ、その局面で保有できたのですか？」
「なぜ、その時に売却されたのですか？」
「その時のお気持ち、感じたことを教えてください」
「もし、同じような局面に直面したら、どうしたいと思いますか？　またそれはなぜですか？」
「当時と違って、今の市場の不透明感は1～10段階で表すとどのくらいですか？」
「ここから資産がどのくらい減ると困りますか？（耐えられますか？）」
「仮にここから今の含み損が継続するとしてどのくらいの期間、耐えられる（我慢できる）とお考えですか？」
「ここから半年後、1年後、3年後にどのくらいの損益にもっていきたいとお考えですか？」
「①仮に投信を保有し続けて（バイ＆ホールド）、いったん含み損が拡大したとしても、その後、半年後に大きくパフォーマンスが改善できる場合と、②全売却して、その後市場が下がり、より安い時に買い付け、パフォーマンスが高まった場合のどちらがいいと思いますか?」
「仮に、全売却して様子見をし、半年後も市場が下がり続けたケースで、①全売却して安いところでは買えず、相場が反発してとり逃してしまった場合と、②先行きの上昇を狙い、保有継続でさらに含み損が拡大し続けるのを我慢することを考えた場合ではどちらが嫌ですか?」
「好きな戦略、嫌いな戦略、それぞれ優先順位をつけていただけませんか？」
「優先順位のもと、最終的にメイン戦略（優先順位１位）とサブ戦略（優先順位２位）およびリスク戦略（優先順位１位または２位とは逆のシナリオの時の戦略）をどのように考えたらいいでしょうか？」
「その時の各戦略を用いるシナリオの確率（第一戦略50%、第二戦略30%、リスク戦略20%など）をどうお考えになりますか。また、どのタイミングでポートフォリオを見直すのがベストだと考えますか？」

行動コーチングの視点を用いれば、お客さまに対して、このようないろいろな問いかけや促し話法が使えそうです。

さすが。呑み込みが早い。次期エース！
これからは顧客本位の営業を掲げ、一人でも二人でも多く、同じような姿勢で投信営業に臨む仲間をまわりで見つけて、みんなで一丸となって投資メンタルマネジメントや行動コーチングに取り組むことができるといいね。
特に成功事例、失敗事例を共有しながらやれるといいと思うよ。

そうですね。逆風下でも、顧客本位の営業姿勢を貫ける多くの同志とともに仕事ができると、頑張ろうと思えますものね！

今日は、これまで学んできたことの実践編ということで話してきたわけだが、最後にそのまとめを加藤君自身にやってもらおう。

はい、わかりました。大きく3つの視点でまとめます。

まず、1点目として、「投資の分析手法とリスク管理」について、**上昇トレンド、下落トレンドでのファンダメンタルズ面、テクニカル面での売買の判断基準をしっかり持つこと。特にトレンドの継続とトレンドの転換点を掴む努力をすること。**

また行動ファイナンスの視点からは、マーケットは上下に行き過ぎる可能性もあり、長期のデータに基づいた天井、底値と見られる水準も絶対ではないこと、**あらゆる分析手法も絶対ではないことをしっかり理解する。**

そして適切なリスク管理力を身につけ、時にポートフォリオの入れ替えやロスカット（ポジションの縮小など）も行いながら、損失拡大を限定していくこと。

2点目は、「投資メンタルマネジメント・行動コーチング」について。

自分自身とお客さまのメンタル管理やリレーション・信頼構築のために、行動ファイナンスや心理学・ストレスコントロールのエッセンスをうまく活用し、投資メンタルマネジメント力を強化していくこと。

そして、カウンセリングアプローチとコーチングアプローチなども活用しながら、**お客さまの考え方、特性を尊重し、合理的な投資行動につなげるように、行動コーチングとしてマーケット、お客さま、自分自身に真摯に向き合って対応すること。**

3つ目は「顧客本位の営業」について。

最終的にお客さまの経済的満足度と心理的満足度とともに、**営業担当者や会社としての満足度を高めるWin-Win-Winの次世代のビジネスモデルとして、「顧客本位の営業」を持**

続的に、継続的に、誠実に実践していくこと。

この3点ですね。

加藤君、すばらしい。ブラボー！1000点を超えて2000点の出来だね（笑）。ぜひ、その3つの視点を意識し、日々の営業に生かしていってくれ。

先輩、1週間本当にありがとうございました。次世代のエースを目標に、今後とも日々精進し、お客さま本位の営業を実践していきたいと思います！

本当にお疲れさま！！

今日は金曜だし、あとはやっぱり、おいしいビールが飲める居酒屋で締めましょう！（笑）

よし、居酒屋で打上げといくか（笑）。１週間、お疲れ様！

最終章

コロナ相場に行動コーチングのスキルを生かす

本章で取り上げるテーマは…

新型コロナウイルスの感染拡大により、大きく相場が上下した2020年の株式市場。最終章では、本書のまとめとして、そんなコロナ相場の中でも、行動コーチングのスキルを生かし、お客さまの投資行動を適切に導く具体的な対応法を学ぶ。

1.　コロナショックによる2020年3月の株価急落にどう対応したか？

1週間にわたり、加藤君が中村先輩のレクチャーを受けてから1年。新型コロナウイルスの感染拡大を受け、投信販売担当者の2020年末の集合研修は、オンラインでの個別面談教育プログラムに変更された。オンラインで久しぶりに向き合う中村先輩と加藤君——。

オンライン面談研修にて（前半）

加藤君、元気だった？　今回はオンライン研修となり、直接会えなくて残念だったね。

中村先輩、お久しぶりです。そうですよ～。直接会えれば即、飲み屋に直行だったのに本当に残念です（笑）。

しかし、1週間の密度の濃い個別研修から、あっという間に1年経ちましたね。個別のオンライン面談形式の研修とい

うことで、本日もどうぞよろしくお願い致します。

2020年……。この1年もいろいろなことがあったね。特に新型コロナによって相場が大きく上下する激動の年だったと言える。

日経平均株価は、2020年1月17日に2万4,116円の年初来高値をつけた後、新型コロナウイルス拡大による不透明感から急落の動きとなり、**3月19日には1万6,358円の年初来安値**をつけた。

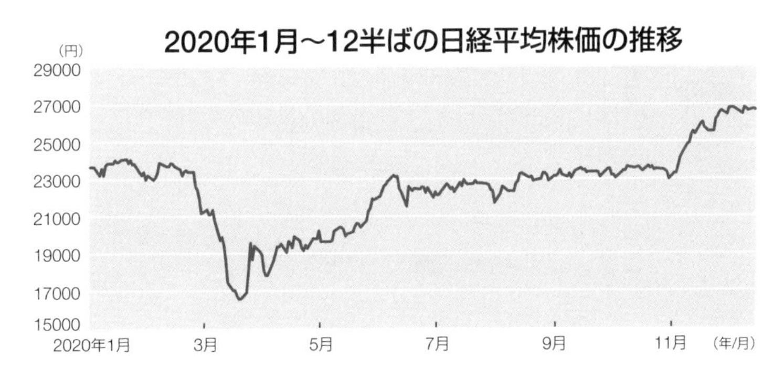

その後はV字回復となり、12月下旬に2万7,000円台に乗せるところまで上昇するなど本当に目まぐるしい動きとなった年だったけど、営業のほうの調子はどうだったかな？

はい。1年前の先輩の研修のおかげで、コロナ相場をなんとかうまく乗り越えることができました。

お〜。そうか。 マーケットは大きく上下に動き、右往左往する投資家が多かった中、成長したようだね。

では、2020年の激動のマーケットをどうやって乗り越えていったのか、少し教えてくれるかな？

いいとも～！　そう言われなくても僕の方から話をするつもりでしたから（笑）。

相変わらず調子がいいね（笑）。若さの特権ということで今回も大目に見てあげよう。

ありがとうございます！若手のホープ、次世代のエースには先輩も優しいですね。出世払い、大いに期待してください。

ハハハ…。雑談はさておき、早速、本題に入っていこう。

わかりました（笑）。振り返ると2020年は年初から堅調な相場展開でした。日経平均は2019年8月6日の2万110円程度を底に上昇基調が継続し、2020年1月には2万4,000円台を回復。お客さまも儲かり、会社も儲かり、また僕自身も高いノルマを達成し、何をやっても幸せな気分でした。

ただ、前回教えていただいた「投資家あるある」（131～132ページ参照）を眺めて、どうも自分自身もお客さま自身も楽観的で強気になっているな～って感じました。

そこで、「最近は何に投資してもうまくいっていますが、そういう意味では**ひょっとしたら相場は一旦、ピークに近づいてきているのかもしれません**」とお客さまにはお伝えし、楽観しながらも少し警戒感も持って臨んでいました。

「投資家あるある」を早速活用したのか。進歩したな～。

ただ、次世代のエースに向けて日々進歩している僕とはいえ、新型コロナの拡大があれほど市場の急落をもたらすとは

予想だにできませんでしたよ（笑）。

あっという間に1万6,000円台まで滑り落ちるなんて、マーケットって本当に怖いな～ってあらためて思いました。

その過程でどう対応したのか、少し詳しく教えてくれるかな？

はい。市場では最初、新型コロナの影響は一過性であり、株価の調整によってPERは割安な水準となってきており、先行きの業績回復傾向も踏まえれば押し目買いで臨むことがベストな戦略だろうというストラテジストのコメントが増えていました。

ただ2018年10月からの急落で痛い目をみた反省から、**ファンダメンタルズ分析とともに、テクニカル分析にも注目しました。**

具体的には？

はい。**まずテクニカル分析では、200日線をベースとしたグランビルの法則**（77ページ参照）**に注目しました。**

グランビルの法則

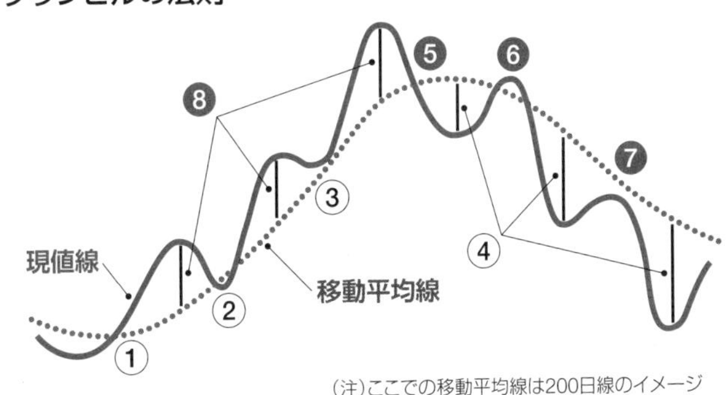

（注）ここでの移動平均線は200日線のイメージ

2月下旬に株価が200日線を割り込んだ場面では、②番の可能性があると思い、「**押し目買いを行う一つのタイミングです**」とお客さまにお伝えしました。

同時に、「押し目買いの想定水準からさらに株価が下落し、200日線が下向きになってしまった場合は、2018年10月の高値から急落した場面のように**相場の転換点となる⑤番になる可能性があります**」とリスクについてもお伝えしました。

また、このように事前にお客さまと話をして相場状況を共有したことに加え、テクニカル分析の本で学んだ**移動平均乖離率**についても提案してみました。

ホー、移動平均乖離率ねー。

はい。移動平均乖離率は先輩もご存じのとおり、実際の値動きと移動平均線との乖離から投資タイミングを計るテクニカル指標の一つです。

中長期が前提であれば、移動平均線は200日など長めのデータを使用します。例えば、日経平均株価（終値ベース）であればプラス20～30%以上なら買われ過ぎ、逆にマイナス20～30%を下回れば売られ過ぎと言われています。

これを念頭に置くだけでも、**上昇時の高値づかみや暴落時の狼狽売りのリスクを減らすことが可能**になってきます。

2020年3月の移動平均乖離率は、日本株が売られ過ぎであることを示していました。

日経平均株価
200日移動平均乖離率の推移(〜2020年3月末)

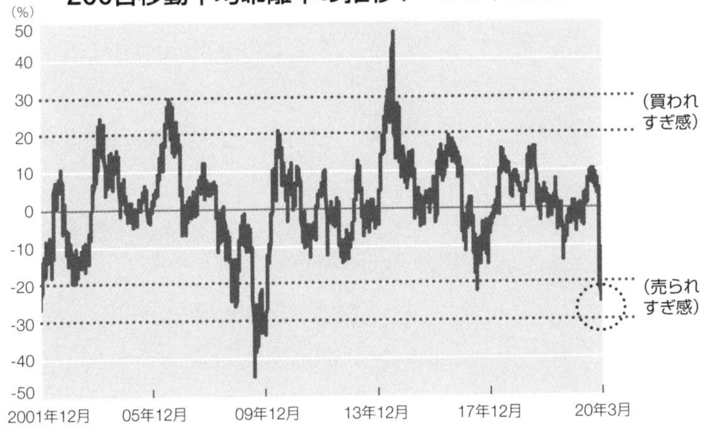

まさにプロ投資家みたいになってきたね(笑)。

私からのこうした話に対し、お客さまそれぞれで反応が異なりました。

「万が一、200日線が下向きになった場合は持っている他の投資信託を利益確定し、いったん、様子を見よう」というお客さまもいらっしゃいましたし、他のお客さまの中には「仮に200日線が下向きになったとしても、業績は改善傾向でファンダメンタルズ分析からは割安なので、200日移動平均乖離率がマイナス20%以上に広がった調整場面では押し目買いを実施しよう」という方もいらっしゃいました。

お客さまのこうした判断をしっかりと踏まえ、お客さま自身が経済的な満足度と精神的な満足度をどう捉えているのか、またお客さまは僕自身に何を望んでいるのかを最優先に考えたうえで、それぞれのお客さまにあったポートフォリオやポジションの構築を行いました。

　そうだね。自分の相場観を押し付けるのではなく、お客さまそれぞれが本当に望んでいることをしっかりと把握したうえでベストな対応をすることが大事だったよね。

　はい。これも先輩との前回の講義の中で教えてもらったので即実行しました。

　ただ、正直言うと自分自身、本当に相場が転換点（買い局面から売り局面に移行）にならず、さらに大きく相場が上昇したらどうしようと不安ではありました。

　お客さまの中には、僕自身の相場観を信じて保有投信を売却してくれた人もいたので。

　相場には絶対はないし、自分の判断が間違う時もある。ファンドマネージャー時代、こうしたぎりぎりの局面で胃がキリキリしたことがあったからよくわかるよ。

　そうしたストレスやプレッシャーがかかる場面でうまく対応できるかが長期的な勝敗のカギを握るんだけどね。

　そのためにどういった対応をとったのかな？

　そうですね。支店の上司や同僚と今のマーケット動向やお客さまへの対応策を毎日のように共有し、みんなで一緒に相場に立ち向かえるような同志の輪を作りました。

　家ではリラックスできるよう、好きな韓国ドラマやお笑い番組を観たり、ビリーズブートキャンプで体を動かしたり、アロマキャンドルや安眠CDを購入したりましたが（笑）。

　ストレス軽減に徹底して取り組んだんだね（笑）。

はい。そうしたおかげもあってか、はたまた運もあってか、200日線が下向きになりながら株価は下落基調を強め、最後はストレスやプレッシャーにもうまく対応しながら、3月の急落場面をお客さまと一緒に乗り切ることができました。

2.　3月を底にした市場の急回復局面にどんな提案を行ったか？

オンライン面談研修にて（後半）

3月の1万6,358円を底にして、12月下旬にかけて2万7,000円台をつけるところまで急回復したけど、その場面では逆にどういった提案を行ったの？

はい。急落のさ中の3月、お客さまにはこういったトークを行いました。

「日経平均株価は新型コロナの影響を受け足元、2万円を割り込み、さらに急落の動きとなっています。予想以上の下げとなり、本当に驚きですよね。

2018年10月以降の急落場面はそうそう来ないだろうと思っていましたので、こうした株価急落には僕自身も正直驚いています。ところで、ここからの投資スタンスをどういうふうに見ていったらいいでしょうか？　一緒に少し考えていきましょう」

うんうん

それから次のように話しました。

「ファンダメンタルズ分析では、新型コロナの影響により、先行きの景気や企業業績の大幅悪化が見込まれるかと思います。
市場でもファンダメンタルズ分析を重視するアナリストやストラテジストはまだまだ日本株は下がるとコメントし、市場では売り圧力が強まっているようです。
一方、まわりの投資家の様子をみると怖くなって売り急ぐハーディング（横並び）現象が起きてきています。またテクニカルの200日移動平均乖離率など過去のデータからみて売られすぎ圏に来ています（161ページのグラフ参照）。
日々のニュースをみても暗い話が多く、先行き不透明感は強い状況には変わりませんが、株式市場においては逆に底値圏にあり、先行き反発する可能性もあります。
もちろん相場には絶対はありませんし、もう一段下がるのではとの不安も恐怖もあるかと思います。しかしながら総合的に考え、ここからは日本株を売却するのではなく、ポートフォリオ全体を考え、持ち切るもしくは時間分散の観点から追加で投資するということも一つの選択肢になってくると思いますが、その点についてどのようにお考えになりますか？」

すごい。100点満点だね。
そうした対話を通じて、**お客様自身に、バイアスに影響された市場の見方や投資行動をとっていないか、自らを振り返っていただき、お客さまが合理的な投資行動ができるように促していくこともできるだろうね。**

えっへん。先輩、自慢話じゃないのですが、もう一つ、いやもう二つだけ聞いてもらっていいですか？

はいはい。自慢話じゃないのね。聞いてあげよう（笑）

ありがとうございま〜す（笑）
お客さまとの対話の続きです。

6月まで概ね堅調に推移していた株価ですが、IMF（国際通貨基金）が6月25日に公表した報告書で、日米などの株価上昇に対して投資家が過大にリスクをとっている可能性を指摘する報道が流れました。

市場には、株価は実体経済と乖離しており、割高感があるとの警戒感が広がり、お客さまも動揺した様子でした。

そうした中、次のように対話を進めました。

「景気や企業業績をベースにしたファンダメンタルズ分析を重視する投資家からは、6月上旬までの株価の急騰は大規模な金融緩和による過剰流動性がもたらしたバブル的な動きであり、IMFが警告を発したように足元の実態経済と株価水準は大きく乖離しており、いずれ元の水準（概ね2万円かそれ以下のレベル）まで戻るとの慎重な見方も根強いと思います。

一方、行動ファイナンスの視点を用いれば、日本株のもう一段の上値余地もあると考えています。

足元の日本株は、経済活動の再開による先行きの景気回復期待とウイルスの感染第二波による先行き不透明感が綱引きしている状態にあります。

新型コロナウイルスは人類が初めて直面した新種のウイルスの脅威であり、本当に収まるのか、それとも収まらないのかは実際のところは誰にもわからないのかもしれません（五分五分の確率）。

そうした場合、投資家による合理的な投資行動としては、ポートフォリオの一部で慎重姿勢をとり（例えば現金の積み上げやショートポジション構築によるヘッジ）、万が一に備える準備を怠らないことでしょう。

これは一体、何を意味するのでしょうか？　個々の投資家が合理的な行動として慎重姿勢をとればとるほど、市場全体にはポジションの歪みがもたらされるという「合成の誤謬（ごうせいのごびゅう）（ミクロの視点では合理的な行動であっても、それが合成されたマクロの世界では必ずしも好ましくない結果につながること）」が生じてしまうことになります。

つまり、個々が危機に備え、正しい投資行動をとったが故に、市場全体では平時と比べ現金やヘッジが過剰に積み上がってしまうのです」

なるほど。合成の誤謬とは面白い視点だね。

はい。研修ですすめられたマクロ経済の本から参考にさせてもらいました。そこから、こう続けました。

「今後ウイルスの感染者数が拡大した場合でも個々の投資家は事前に現金化やヘッジポジションを構築しているため、市場全体として過剰な売り圧力は生じにくくなる可能性があります（感染者数の増加に対する株価下落の感応度は低下）。

一方、仮にワクチン開発の進展も含めてウイルスが収まる方向に期待も含めてシフトした場合、投資家は今までの慎重姿勢を修正し始める（市場全体では、株式を持たざるリスクや市場の上昇に取り残される恐怖も含めて一斉に買い圧力が強まる）ことも考えられます。

　このような動きは新たな上昇トレンドを生むハーディング（投資家の横並び）現象になりうると言えるでしょう。
　こうした行動ファイナンスの視点を用いれば日本株に対して先行き強気な見方をとることができ、市場に慎重姿勢が残る中でも日本株の押し目買いスタンスを継続することは一つの選択肢になると思います。
　こうした見方についてどのようにお考えになりますか？」

おお！

そしてもう一つ（笑）。8月～12月にかけてのお客さまとの対話です。

ほ～。8月～12月といえば、8月には「アベノミクス」を牽引していた安倍前首相の突然の辞任会見、11月には共和党の米トランプ氏と民主党のバイデン氏が戦った米大統領選、12月は日経平均が約30年ぶりの高値を突破し、2万7,000円台に乗せるという大きな相場変動局面だったわけだけど。

はい。まずは、歴史分析で学んだ「アベノミクス」の行方ですが、安倍前首相の突然の辞任報道で、株式市場では日本の構造改革・成長戦略が止まるのではとの見方が強まり、2万3,000円を一時割り込む動きとなりました。
　実際、お客さまからも、「日本の長期成長期待が失われることで日本株の魅力は低下するのでは？ 今、日本株の投信は売った方がいいんじゃないの？」とのご意見・提案をいくつも受けました。

それに対してはどのように答えたの?

はい。たしかにアベノミクスによって日本の長期成長期待が高まり、当初は海外投資家の資金を惹きつけ、日本の株価は急上昇しました。

ただ、その後、日本は安倍内閣の継続により政治が安定した一方、構造改革はあまり進まず、成長期待を描きにくいと捉えた海外投資家も多くいたことで、日本株は大きく売られる展開となっていました。

そのため、安倍首相辞任を受けた市場の最大の関心事は、後任の首相が誰になるのか、その首相を中心とした内閣で**構造改革路線が継承されるとともに、先行きに対してもしっかりと成長期待を高めることができる**かということになっていたわけです。

ですのでお客さまにも、**そこを見極めてから日本株の売却の判断をしても遅くはない**かと思いますと提案しました。

うん。結局はアベノミクス路線を継承した菅内閣が誕生し、高い内閣支持率を獲得したことなどを受け、その後の株価は持ち直し、加藤君の提案は成功したというわけだね。

はい。個人的にはスガノミクス万歳です(笑)

ハハハ…(笑)

次は、4年に一度の米大統領選の対応です。

株式市場では、米大統領選後や年末にかけて株高になるというアノマリー（経験則）が期待されていました。

ただ同時に、コロナ下で米大統領選の投票結果の判明が郵便投票の開票　作業などにより遅れ、市場に不透明感が強まるリスクや、民主党のバイデン氏が新大統領になり、増税路線を強めることでそれが株式市場にとっての下押しリスクになるのではとの見方も強まっていました。

判断がとても難しい局面だね。その局面で加藤君はどのようにお客さまにお声かけしたの？

はい。正直言って、結果がどうなるかさっぱり予想がつきませんでした（笑）。

ただ、予想がつかないからこそ、先物などを通じて市場の動きに機敏に追随する市場適応型の投信や、リスクコントロール型投信に任せるといいかもしれない……と考え、お客さまには、「**不透明感が強く、上にも下にも相場は動くかもしれません。そうした局面に備えて、こうした投信を買い付けることでリスク管理をしっかりと行いませんか**」と提案しました。

まさに機械運用に丸投げした形でしたが、結果は良好。11月に日経平均は月間15%の急騰の中、乗り遅れた投資家が多数出たと言われる相場で、うまく投資の成果を稼ぐことができました。

営業担当者自身、相場が読みにくく、迷っている時には、人・機械に関わらず、そういったプロフェッショナルが運用する市場適応型の投信に投資の判断を任せ、リスク管理を行うということも一つの選択肢と言えるだろうね。やるな〜。

ありがとうございま〜す！
そして最後は12月の神対応。

神対応って自分で先に言ってる（笑）

へへ…（笑）。12月には、しっかりとリバランス（資産の再配分）を実施しました。日経平均が急ピッチで上昇し、先行き下落するのではと心配するお客さまもいらっしゃったので、2つのリバランス方法を紹介しました。

一つは、「価格が上昇し投資比率が高まった資産を一部売却する一方、価格が下落し投資比率が低下した資産を機械的に買い付け、ポートフォリオのバランスをとる（当初の各資産の構成比に戻す）」といったわかりやすい手法です。

2020年はじめから国内株式・債券・為替の3資産分散（日本株、日本国債、ドル円）投資を実施しているお客さまは日本株のウエイトが相対的に高まっていますから、こうしたリバランス手法で日本株を一部利益確定しました。

もう一つは、移動平均乖離率を用い、一部現金化するリバランスです。日経平均の移動平均乖離率がプラス20%を超え、長期的にみてテクニカルの過熱ゾーンに入ってきたので、お客さまと相談し、何回かに売却を分ける時間分散を活用して日本株投信を高値圏で利益確定させることができました。

これにより2020年は、コロナ禍にも負けず、個人・支店の良好な営業成績とお客さまの良好な投資成果を同時に確保することができたんです。

自分自身、この仕事をやってて本当に良かったな〜って、

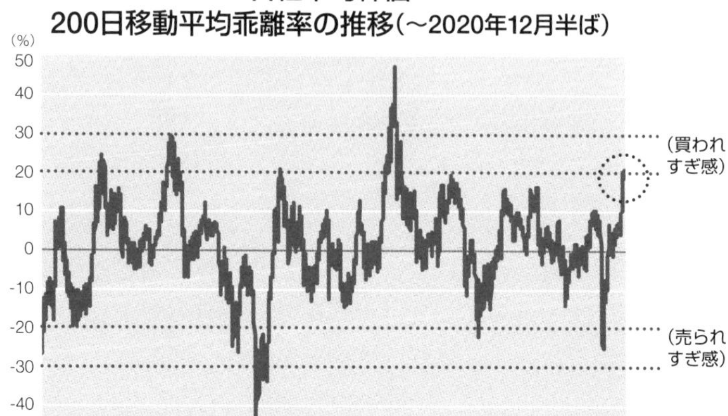

まさにやりがいや充実感を感じることのできる良い年でした。

なんと！　こんなにも成長したとは。本当に驚いた。相場に絶対はないし、必ずしも見立てどおりに動くとも限らない。

そうした中で、こういった投資アイデア・切り口を対話・提案のきっかけにして、**お客さまと一緒に多角的な視点で考え、長期的に合理的な投資行動につながる確率を高めていく**ことができれば、また**お客様としっかりとコミュニケーションをとることで、信頼感・納得感を得ながら持続的・長期的に投資を一緒に行おうとする姿勢をとる**ことができれば、まさに金融庁が投信販売営業に求めている「顧客本位」につながる行動コーチングの一つの形になる可能性があるだろうね。

えっへん。僕の成長スピードはドッグイヤー、いやマウスイヤー並みの速さですよ……と言いたいところですが、実は中村先輩と同期で元ファンドマネージャーだった、柴崎支店長の受け売りなんです（笑）。

去年、中村先輩の個人研修を受けて支店に戻った後、早速、同志の輪を作り、身近で頼りになる柴崎支店長をメンターとしてお知恵を拝借したんです（笑）。

そうだったのか。柴崎の力を借りるとは加藤君も大したものだ。同志の輪を活用して、お客さまにいい提案ができるのもまさに実力のうちだ。

これもすべて先輩のご指導のおかげです。

そして最後に一言。鉄鋼王のアンドリュー・カーネギーは自らの墓碑に次の言葉を刻ませました。

「己より優れた者を周りに集めた者、ここに眠る」

まったく、どこまでいってもお調子ものだな～（笑）

すみません。きらりと光る実力は、どうも隠せないみたいで（笑）。

中村先輩、また来年の研修もぜひよろしくお願いします！

OK。では、来年の研修会でまた会おう。さらなる成長を期待してるよ、次世代のエース。

はい。絶対的なエースとして「投資メンタルマネジメント」と「行動コーチング」の二刀流でさらなる高みを目指します。

わが銀行最大のイベントである、7月開催予定の「投信販売成績優秀者の集い」でぜひまたお会いしましょう。

まったくもって恐れ入りました（笑）。

おわりに

2020年の日本株式市場は、約30年ぶりの高値まで上昇し取引を終えました。実体経済と株価に大きな乖離があると言われる中で、2021年以降の日本株についてどのように見ていけばいいでしょうか？

本書の最後に、あくまで筆者の個人的な見解ではありますが、今後の日本株式市場の見通しと、それをもとに、投信営業を担当する皆さんがお客さまにどのような提案をしたらいいかを考えてみたいと思います。

まず日本株のファンダメンタルズ面を考慮すれば、短中期の調整を挟みながらも長期の上昇トレンドは継続すると考えています。その背景として3点挙げられると思います。

1点目は、主要各国による大規模な財政・金融政策がとられる中、新型コロナワクチンの普及に伴い、一進一退ながらも2021年以降の世界経済の正常化に向けた動きが進展し、企業業績の伸長をもたらすことで日本株の上昇基調を支えるとみています。

2点目として、今後、利益率や資本効率の向上など株主重視の姿勢が日本企業に浸透し、ROE（自己資本利益率）の改善につながることで長期的な株価上昇も期待されると考えます。

3点目として、中国や他のアジア諸国の高い経済成長を日本企業が積極的に取り込むことで、PERやPBRなどのバリュエーション水準の中長期的な切り上がりも見込まれます。

こうした点を考慮に入れれば、日本株の長期のバイ＆ホールド戦略（買い持ち）は引き続き有効と考えています。とはいえ、急ピッチの上昇を受け、株価には過熱感が強く、短期の値幅調整リスクが残ることもまた事実かと思います。このような局面では、リバランスも含め、下値リスクを抑制しながら長期の上昇トレンドに追随するためのポートフォリオ提案は一つの選択肢になると考えています。

例えば、投信営業担当者がそうした時に提案できるアイデアとしては、本書の加藤君が提案した方法以外に、①上昇した日本株のウエイトを維持したうえでの同資産内でのリバランス、②コアサテライトによる「長期の日本株ロング戦略」と「短期の日本株タイミング戦略」の組合せ、③日本のESG（環境・社会・企業統治）関連ファンドへの長期投資などが挙げられます。長期的な日本株の投資魅力は変わらないと考える場合、株価の上昇で高まった日本株のウエイトをそのまま維持し、日本株内での資金シフトを行うことも一つの選択肢になります。

もちろん、長期的な日本株の強気見通しを基に戦略を立てても、相場ですので実際どうなるかは誰にもわかりません。ここから日経平均が短期で3万円を突破するような良好なトレンドになるかもしれませんし、逆に実体経済と株価の乖離が大きすぎるとして暴落の動きをみせ、バイ＆ホールド戦略が失敗に終わるかもしれません。

ただ仮に相場がどのような形になっても、それらに対応できるさまざまな分析手法や提案できる複数種類のポートフォリオを持つとともに、**自分自身の心理を管理し、しっかりとお客さまとのコミュニケーションをとることができれば、次世代の顧客本位の投信営業につながる**と信じています。

本書でご紹介した**「投資メンタルマネジメント」と「行動コーチング」の考えを取り入れ、お客さま、会社、営業担当者の「三方よし」である「Win-Win-Win」戦略を実践していただけたら、筆者として望外の喜びです。**

2020年12月31日　自宅の書斎にて

［著者紹介］

中村貴司（なかむら・たかし）

東海東京調査センター　シニアストラテジスト。
日系・外資系証券会社、損保・証券系運用会社でのアナリストや、年金基金、投資信託のファンドマネージャー等を経て現職。

英国国立ウェールズ大学経営大学院MBA。アライアント国際大学・カリフォルニア臨床心理大学院　米国臨床心理学修士号(MA)。慶應義塾大学 商学部卒。国際公認投資アナリスト(CIIA)、国際テクニカルアナリスト連盟 検定テクニカルアナリスト(MFTA)、CFP、英国王立勅許鑑定士(MRICS)、不動産証券化協会認定マスター、中小企業診断士。

日経CNBCなどのTV・メディアに出演。日経新聞、QUICK、ロイター、ブルームバーグ、時事通信、東洋経済オンラインなどでも執筆、コメントを行う。世界のテクニカルアナリスト協会を束ねる国際テクニカルアナリスト連盟(IFTA)の理事などを歴任し、早稲田大学ビジネスファイナンスセンターや同志社大学、青山学院大学等でも講師を務める。

会話で学ぶ！
プロフェッショナルを目指す人の「投信営業」の教科書

2021年3月19日　発行

著　者――――中村貴司
発行者――――楠 真一郎
発　行――――株式会社 近代セールス社
〒165-0026 東京都中野区新井2-10-11 ヤシマ1804ビル4階
電話　(03)6866-7586
FAX　(03)6866-7596
装幀・DTP―――今東淳雄(maro design)
イラスト――――アカツキウォーカー
写真提供――――共同通信社
編　集――――飛田浩康
印刷・製本―――株式会社 木元省美堂

ISBN978-4-7650-2203-3